新手
一看就懂的

投資學

平民理財專家 典馥眉◎著

 先窮一下子，
就富一輩子！

一看就懂投資學

高中沒有教「投資」，大學也沒念過相關書籍，「沒學過」不等於我們會「做不好」，**有時候「心態對了」，事情就完成一半。**

台灣兩名音樂界知名指揮家，都不是音樂科班背景出身，一位是呂紹嘉，一位吳曜宇。

呂紹嘉是醫生世家，本來念心理學，後來成為台灣第一位優秀的指揮家。

吳曜宇原本念資訊傳播，在音樂方面的深造，嚴格算起來只有在北藝大念了兩年書，他3歲開始學鋼琴，擁有深厚音樂美學，一坐下來彈琴，就停不下來，音感度特別好，24歲時就獲得貝桑松國際青年指揮大賽首獎。

成為國際知名指揮家是這樣，想要學會理財投資也是一樣的道理，只要有興趣、肯花時間了解跟接觸，我們都能在投資理財中輕鬆獲利！

踏進投資理財大門之前，最重要的一點認知：絕對不要融資理財投資，也就是**不要借錢來投資。**

「借錢投資」會讓整個投資行為變得困難重重、壓力重重，就算最後賺到了錢，也很可能賠上健康或因精神壓力過大產生的各種疾病。

　　平均來看，身邊真正能靠投資賺到錢的朋友，不管是坐在VIP室或是一般投資人，都是拿閒錢出來投資，而非借錢投資的人。

　　想要在大部分都以賠錢收場的投資市場裡賺到錢，能夠在一開始擁抱多少優勢進場，會決定到底能不能在這塊領域賺到錢。

利用生活費以外的「閒錢」投資，具有以下幾大優勢：

「閒錢」投資佔優勢1：誰能沉得住氣，誰就賺越多。
　　我們永遠不知道現在是不是最低點，進場後，如果市場依然一路下滑，有些人就會開始承受不住，認賠殺出，但用閒錢投資的人，他可以等，等跌到谷底再慢慢回升，直到回到他的停利點，獲利了結出場。

　　通常在市場一路溜滑梯下滑時，用閒錢投資的人，再加上一點藝高人膽大的特性，比較容易做到「逆向操作」不斷加碼買進，等到市場回溫後狠狠賺它一大筆。

「閒錢」投資佔優勢2：待在谷底喝咖啡等漲。

投資市場中，有兩種類型的人，一種是「不管怎麼樣都憂鬱」的人，另一種是「不管怎麼樣都開心」的人。

不管怎樣都憂鬱的人，在市場不斷往上攀爬時，總是懊悔自己當初怎麼會看走眼，沒有趁價格低的時候多買一些？在市場開始往下溜滑梯時，又總是擔心這一滑該不會就再也回不去了吧？於是緊張兮兮待在原地不動，錯失在低點大量買進的機會，一切又重新循環到「懊悔自己當初怎麼會看走眼，沒有多買一些」的心態裡。

「不管怎樣都開心」的人，在市場不斷往上攀爬時，總是開心自己賺到錢；在市場開始往下溜滑梯時，總是睜大雙眼積極尋找可以投資的標的。不管怎樣都開心的人，總是忙著開心賺到錢，不然就是忙著牢牢抓緊在低點大量買進的機會，等待市場回溫的時機。

「閒錢」投資佔優勢3：精神壓力較小。

兩個在市場裡的投資人，一個借錢投資，另一個用閒錢投資，這兩個人背後所要擔負的風險跟壓力是完全不同的；前者一旦失利，不僅輸光身邊的錢，還可能欠下一大筆債務，說不定連生活都會出現問題，後者一旦失利，基本生活水準完全不受影響，因為拿閒錢投資，也無須痛苦背債。

在投資市場中，每位投資人所付出的成本，不只有「時間」跟「金錢」，還有其他更重要、用錢買不到的珍貴東西，例如：與親人間的互動，是否因為投資失利而暴躁不耐、賠掉大部分時間裡的好心情、因心理因素引發的種種生理問題、總是感到沮喪無助。

投資是為了讓我們的生活過得更好，擁有更多的選擇性，身邊也有許多人把它當成大富翁真實版來看待，**如果因為投資，失去生活品質、健康以及好心情，那就太得不償失了。**

「閒錢」投資佔優勢4：「認真」，但不當「真」。
有些朋友的觀念很棒，他們把投資看成一種金錢遊戲，就像想玩任何一種遊戲之前，都必須了解遊戲規則。

他們會先做過研究後，再進入投資市場，絕非現在聽說黃金大漲，就跟著大量買進，而是自己去閱讀、了解、分析黃金市場，甚至更進一步去分析黃金漲跌跟美金漲跌之間的關聯是什麼？

等弄清所有脈絡後，他們會帶著自己的想法進入市場，而非聽信任何小道消息。當然，這些人彼此之間有些想法可能是相觸的，在投資市場裡的運作也不盡相同，但詭異的是，他們都能賺到錢。

Author **P**reface 作者序

不過，在他們身上有一個很重要的共同點：投資方式絕對與一般人不同，尤其當大家一股腦兒衝向黃金時，他們絕對沒有人也跟著購買，反而在不同的時間點，分批買進。

他們對投資這件事非常認真，有時候要花好幾個月時間，深入研究過市場，才會把閒錢投進去，投資獲利與否對他們來說，將會變成一種「人生獎金」，而不是重要的「收入來源」。

祝福看完這本書的每一個人，不管是投資市場上的閃亮新人或箇中好手，都能在不同領域的市場中大發利市，不斷讓生活品質UP、UP！

最後，這本書能和大家見面，感謝媽咪默默又養生滿分的支持、金城妹子可愛又能為書籍內容加分的插圖、工作能力超強的葳、讓馥眉體驗更多人生新體驗的育慈、擅長利用財經報表進行投資的徐老師、親切聰明的黃律師。

以及多年前曾協助過我們的周先生、思緒敏捷有條理的妤、全心全意關愛同學們的張老師、在生活中給予相當專業又體貼的每一個人、給予馥眉很多支持的張先生，以及出版社所有同仁們。謝謝你們！

Contents 目錄

Part 3　「資產配置」最優化，財富自然滾滾而來 83

Contents 目錄

Contents 目錄

Part 1

「理財」能為我們帶來什麼？

1-1 ▶▶▶▶

理財最重要的目的

為什麼人人都需要學會理財？

從理財檯面上，可以看到它最大目的是「帶來財富」，或者「保有既有的財富」，或者利用手邊財富「錢滾錢」。表面上看起來跟錢脫不了關係，但檯面下其實大有文章。

理財檯面下，我們真正想要透過理財得到的東西，不是錢，而是其他事務，包羅萬向的內容物，解析後成份如下：搞定現在生活開支、盡早還完貸款、擁有安全舒適的生活、不被一份薪水勒住脖子、擁有更多選擇權、有機會積極投入自身夢想、達到Maslow金字塔中最頂端的「自我實現」。

我們須先意識到「理財檯面下」真正想要得到的一切，才不至於在理財或投資的旅程中迷失自我。一旦在過程中和自己走失，就算最後擁有大量金錢，我們也不會感到富足。

有時候「理財檯面上」得到的金錢，並無法滿足我們；真正能讓我們生活過得更好、人生更豐滿富足的要素，往往都藏在「理財檯面下」。

許多人誤以為檯面上的一切是重點，積極追求也得到後，才驚愕搖頭吶喊：「這不是我想要的人生！」更慘的是，通常當事人痛徹心扉喊出這句話後，看看左右，會更悲慘地發現在盲目追求財富過程中，自己早已年華老去，無力挽回一路走偏的一面倒局面。

其實人生沒有必要承受這麼多的懊悔、驚悚，以及無力挽回的局面。只要我們認清「財」、「富」跟我們之間的關係，瞭解什麼才是我們真正想要的最後結局，被吹笛人誘惑掉入萬劫不復深淵的悲慘事件，就絕對不會發生在我們身上。

現在，讓我們一起先來看看追求財富的人們，如何一步步邁向「悲慘世界」或「燦爛人生」的簡短預告片：

小悲大學畢業後，卯足全力爆肝工作，終於在出社會工作五年後，靠自己的力量買下百萬名車，天天拉風上路。

工作十年後，小悲順利娶妻生子，在貴鬆鬆地段豪爽買下一間五十幾坪的房子。不過，這五十幾坪房子包含十幾坪的停車位、十幾坪公設，真正實內能住人的空間坪數，居然壓縮到只有二十幾坪？

　　工作十五年後，小悲好不容易付完車貸，但龐大的房貸壓力依然重重壓在他肩頭上，每年年收入光支付房貸跟平常生活開銷就已經入不敷出。這時候小悲身邊同時出現一個危機，以及一個轉機。

　　危機：一家四口，包含逐漸長大的孩子們，漸漸感到居住空間的不足，別說想要換更大的房子，小悲甚至連這間房的貸款都還沒還完，身邊也沒有多餘存款。

　　轉機：一份前景看好的工作機會突然出現，但前提是，必須先忍受前兩年年薪只有現在薪水一半這件事，撐過這兩年，往後年薪將會是現在的兩倍、三倍，甚至更多。

　　但小悲接不了這個轉機，一旦他決定接下轉機，正在身旁虎視眈眈的危機將會正式爆發，例如：房貸繳不出來、負擔不起一家人的生活費。

　　不要說兩年後，小悲連前三個月都撐不下去。帶著疾病越來越多的身體，小悲一步步邁向中年，這時的他為了一份

剛好能夠溫飽的工作,賣命工作,深怕老闆突然要他回家吃
自己。

每天超時加班讓他忘記夢想長成什麼樣、自我實現淪為
口號、曇花一現的機會只是一場虛無的華麗煙火,最悲慘的
是表面上舒適的生活,底下其實正發出逼逼剝剝烈火烘烤的
響音……。

小燦大學畢業後工作,卯足全力工作,終於在出社會工
作五年後,存下人生中的第一桶金。

工作十年後,順利娶妻生子,為了給家人一個安穩的
窩,經過一番研究後,小燦選擇在新北市以合理價格、買下
一間三十幾坪的公寓,實內三十坪,另有五坪多的公設坪
數。

關於買房如何買得精,這部分,將在下篇「如何用合理
價格買房」前情提要篇中,與大家分享討論。

因為先前工作的錢都儲蓄下來,小燦以四成現金、六成
房貸的方式,順利買下房子。

工作十五年後，平常只要身邊擁有一筆小錢，小燦就會拿去繳房貸，現在只剩兩成房貸。

這時候小燦身邊同時出現一個危機，以及一個轉機。

危機：小燦和老婆協商想再買一屋，讓房屋租金成為家庭收入來源之一。

轉機：一份前景看的工作機會突然出現，但前提是必須先忍受前兩年年薪，只有現在薪水一半這件事，撐過這兩年，往後年薪將會是現在的兩倍、三倍，甚至更多。（PS：轉機和小悲一樣）

小燦壓下想當包租公的慾望，和家人商量過後，決定接下轉機，為了維持原本生活品質，小燦和銀行重新商量，簽訂每月還款較低的方案，更積極運用只有先前一半薪水的月收入，和全家人共體時艱撐過頭兩年。

兩年後，小燦年收入翻漲為先前三倍；再一年後，小燦順利還完所有房貸；再經過兩年，順利買下一間公寓，妥善隔間後出租給鄰近上班族；再經過三年又買下另外一間屋子，最後每月租金約有五萬元左右。

小燦一步步邁向中年，這時的他完全不用擔心老闆突然要他回家吃自己，就算辭掉工作，他也可以輕鬆靠「資產」過生活（房租與存款利息）。

　　這時小燦想起年輕時環遊世界的夢想，開始積極規劃行程，終於順利成行；另外小燦還到處做義工、學書法，自我實現不是句口號，而是小燦的生活型態。

　　對小燦來說，曇花一現的機會，是協助他攀向人生高峰的雲梯，最棒的是小燦過著自己夢寐以求的生活，而且這輩子再也不需為錢煩惱。

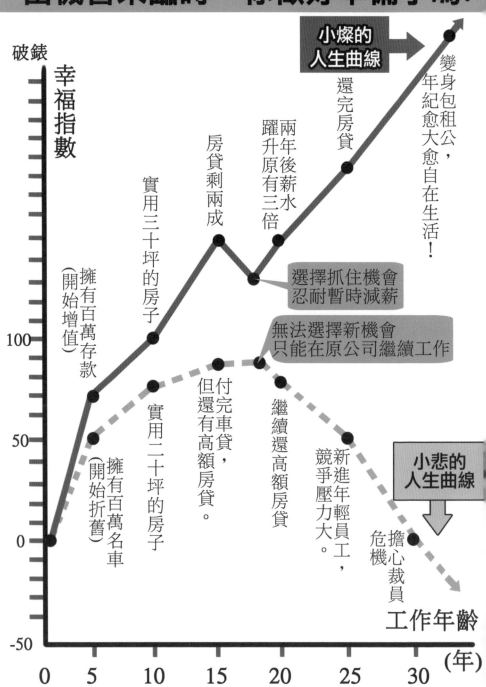

1-2 ▶▶▶

「如何用合理價格買房」
前情提要篇

　　在馥眉《20幾歲，一定要存到100萬》書中，曾介紹過同樣在新竹、同一個社區買房的兩對夫妻，各自買下條件差不多的房子，但背後所付出的價格，卻足足高達600萬之多！以下將稍微前情提要一下，希望能一起更加了解買房的眉眉角角，每個人都能以最合理的價格買到房子。

　　前情提要《20幾歲，一定要存到100萬》書中，「花錢能力展現，買房少花幾百萬！」篇：先前在新竹工作的朋友，正準備要結婚買房，其中兩對夫妻相中同一社區裡類似的房型，約五十坪，開價一千五百多萬。

　　A夫妻看到資料時，在心裡快速加減乘除了一下，平均一坪三十萬左右，還算在能接受的範圍，等仲介帶他們走進房子，大致轉了一下，兩人總覺得這空間應該沒有五十坪，一問之下，才知道停車位佔了十五坪，公設佔了十幾坪左右，實內只有二十幾坪。

見A夫妻開始面面相覷，仲介趕緊跳出來說：「現在供設比都這麼高，不是只有這裡比較多，這房子先前有人開價一千萬，屋主都不賣，磨了好一陣子，最後還是沒成交，經過那次事件，現在屋主應該比較好談價。」

　　於是，A夫妻開價一千三百萬，開價時，心裡還想著直接砍掉兩百萬，會不會太狠了一點？結果，A夫妻隔天就收到屋主同意的合約，一間五十坪、一千三百萬成交的房子，就此拍板定案，買下了。

　　A夫妻把這件事告訴B夫妻，得意洋洋他們夫妻倆現砍了二百萬左右，心中覺得相當划算，甚至覺得自己撿了個大便宜。B夫妻彼此看了一下，總覺得A夫妻下手太快，又是生平第一次買房，過程似乎過於草率。

　　B夫妻在下定決心結婚買房時，便買了許多買房的書籍回家研究，前後大約買了二十本，大約花了幾千塊錢，後來他們也到相同社區，看了房，一間約五十坪的房子，開價一千六百多萬。

　　B夫妻在看房過程中，隱隱表示最近有朋友（其實就是A夫妻）買了房，成交價是一千三百萬，現在平白無故多了三百萬，實在很誇張，如果屋主態度很硬，他們就不要浪費時間看房了。

　　說到末了，還特地問這附近還有沒有其他類似的房型？仲介一聽，連忙說這只是開價，價錢還有商量的空間。

　　經過兩夫妻細算下來，實內二十多坪的房子，加上一個車位，還有一年說不定用不到一次的公共設施，居然開價一千六百多萬？

　　如果拿一千六百萬除以五十坪，一坪約三十幾萬，如果拿一千六百萬，先扣掉停車位一百萬，一千五百萬除以三十五坪，一坪也要四十幾萬，價錢實在過高。況且，一個停車位需要十五坪？在計算中，一個停車位以價值一百萬來計算，不管怎麼算，B夫妻都覺得價錢偏高，似乎不太合算。

　　接下來，B夫妻請仲介把十幾坪的公設比，到底包含哪些地方一一羅列出來，發現許多沒有遮蓋的地方，也被列入公設比當中。按照法規，計算進入坪數裡的公設坪數，必須有遮蓋的地方才算，例如：大廳。仲介知道這對夫妻是真心想買房，而且是做足了功課才來的，心裡有底後，不敢再隨口胡說。

　　B夫妻跟房仲在房子裡談了兩、三小時，表現出真心想買的意願，又從仲介口中得知這間房，雖是剛蓋好不久的兩年屋，但其實還沒有人住過，B夫妻一聽，心裡立刻有底，

這間房先前大約是投資客買了，避開奢侈稅，兩年後就急著脫手。

　　B夫妻心裡同時敲起算盤，A夫妻以一千三百萬的價格，暢行無阻買下房子，他們這間一出口就是一千六百多萬，很可能屋主在總價說高了一點，仲介這裡又再往上提高，但實際成交價格，一定可以再往下談。

　　夫妻倆上實價登錄網站查到的一坪價格，乘以三十五坪，而非五十坪，停車位誇張的十五坪另計，最後B夫妻又跟仲介花了一點時間，簽下一個八百萬的價格，請仲介幫忙去談。

　　仲介起初露出面有難色，B夫妻不為所動，坦白告訴對方，如果這個價錢可以，他們可以直接簽約、購買，頭期款也絕對沒有問題，完全不用擔心銀行那邊貸款成數的問題，會讓這次交易失敗。換句話說，只要屋主同意，這次價格八百萬的交易，可以很快成交。

　　仲介幫忙從中牽線，經過多次協商，最後屋主開出九百萬的價錢，B夫妻隱約察覺，這應該才是屋主的最後底線，跟當初開出的八百萬，相差一百萬，便向仲介要求要減少佣金，仲介聽了，仲介費用直接從原本的2％，下降成1％，等於原先要付出十八萬的仲介費，後來只需付九萬塊。

　　請記得一件事，在買房過程中，每一筆費用，都有談的空間，不管是房仲的仲介費，還是銀行的貸款利率，每一個條件都能談，尤其當我們自備款足夠時，更可以為自己爭取到不少權利。最後單看「買房總價」與「仲介費用」的全部花費：

　　A夫妻買房價錢1,300萬元＋仲介費26萬元，買房過程共花了1,326萬元。B夫妻買房價錢900萬元＋仲介費9萬元，買房過程共花了909萬元。

　　A夫妻與B夫妻買了相同社區的房子，類似的房型，相同的公設比，也都買房加車位，中間價差卻足足差了417萬，這已經是一間規格不錯的單身套房價格！

　　在動不動就上千萬的房價裡，也許一百萬或者十萬塊錢，會突然看起來變得很小，但光是仲介費，A夫妻26萬元，B夫妻9萬元，中間足足差了17萬！

　　17萬，一般家庭要存多久，才能有這個數？而且仲介費跟房價是息息相關的，房價越高，仲介費抽成越多，這些都是買屋的最主要花費。

　　A夫妻與B夫妻平平都是買房，為什麼會買出這麼大的差距來？關鍵點就在於他們的「花錢能力」是不一樣的！

我們都知道房屋仲介很辛苦，但也不能糊里糊塗就把爆肝加班的薪水，矇著眼睛支付出去，畢竟那也是我們辛苦賺來的錢，不可不慎。

在這個例子裡，A夫妻與B夫妻買房後，兩組人馬中間價差看似差了417萬，但別忘了他們都是貸款買房的人，再加上貸款的利息，A夫妻與B夫妻每年要支付的利息錢，很可能相差十萬塊左右，日子一長，這兩對夫妻的負擔與壓力，很可能會越來越明顯。

一開始買房，A夫妻便多付了417萬，往後「每年」還要比B夫妻多付出十萬塊左右的利息錢，如果拉長時間來看，房貸設定為20年左右，可能要支付多出200萬左右的利息錢，再加上原本的417萬，同樣買一間房，A夫妻卻足足多出沉重的600萬負擔，這可不是一筆小數目！

買房應該是目前一般家庭消費中，最高額、影響力最深遠的消費，如果只是買輛車，只要上百萬，就是百萬名車，就算不錯的轎跑車，一輛大約一百六十萬左右就能搞定。

但買房可是動輒就上千萬的數字，請一定要謹慎，否則房貸壓力，可是會讓人十幾、二十年都喘不過氣來。買房時，是否有「花錢能力」，能夠非常一目了然看出其中的利

害關係，因為花錢能力不同，居然可以差到高達600萬的高價！

欲知其他更多不可不知的「花錢能力」培養，請見《20幾歲，一定要存到100萬》一書，內有更為詳細的說明。

請記得一件事，在買房過程中，每一筆費用，都有談的空間，不管是房仲的仲介費，還是銀行的貸款利率，每一個條件都能談，尤其當我們自備款足夠時，更可以為自己爭取到不少權利。

1-3 ▶▶▶

「零壓力」享受「投資樂」

前些日子，朋友們聚餐時開始哀嚎先前投資黃金失利，讓結婚基金立刻縮水一半，有人則大嘆「你一理財，財就離開你」，在股票市場追高賣低活生生賠掉不少錢。

Lareina聽著這些話，始終默默含笑。經眾人一問，才知道Lareina在投資這塊鮮少賠到錢，就算有一、兩種投資失利，但每年總結「資產獲利」時一定都是賺，從來沒有賠過錢。

一干朋友聽到每年都沒有賠過錢，這不是有內線消息，就是操作手段極度高竿，就連巴菲特老先生加加減減多少也滑過幾次鐵爐吧？Lareina居然膽敢聲稱從未賠過錢，其中必有蹊翹！

經過眾人一番嚴刑逼供，Lareina也不藏私，將自己投資一點訣當場免費大公開。

「Lareina，妳投資不賠的秘訣是什麼？」朋友問。「不貪。」Lareina爽朗回答。「怎麼個不貪法？」朋友又問。「我會盡量挑在低點買進，如果遇到更低，就再繼續小額買入，雖然這時候應該要大買特買，但我個性比較保守，不喜歡冒險，所以只敢小額再購入，好平衡先前買貴的價格；等到價格開始谷底翻身時，我會設定一個指標，例如：比當初購買價格多漲2元就賣出，或是多漲5元就賣出，而且絕不戀棧，也絕不抱持『再等等，說不定這還不是最高點』的心態。」Lareina回答。

「所以只要價格回漲到妳要的金額，妳就一定會把手中投資賣掉？」朋友問。「沒錯，只要漲到原本的預期就可以，我並沒有想要在最高點賣掉投資商品，因為只要當我腦中出現『再等等，說不定這還不是最高點』的心態，就很可能會導致不好的結果。」Lareina嚴肅提醒。

「大家都是人，這是一般人都會有的心態，難道妳真的從沒這樣想過？」朋友為她的好定力暗暗佩服。「**剛開始學習投資，也會希望自己永遠買在最低點、賣在最高點，但那是不可能的**，等自己認清這點以後，就比較少有這樣的執著，另外，我對投資獲得的錢，不太會視為年收入的一部分，反而會以遊戲心態來投資，每年的獲利就是遊戲勝利後的獎金。」Lareina有條不紊回答。

「投資是種遊戲？」「這只是一種比喻，事實上我在決定是否購買某一種投資前，都會先做足功課，好好了解。接下來只要把『資產收入』想成獎金，就能用比較理性的眼光來看待投資。」

　　「用比較理性的眼光來看待投資？」朋友點點頭。「一旦能冷靜處理投資事宜，不要發生一頭熱的狀況發生，通常不太會賠到大錢。自己認為可以買的時候進場買，數字達到自己的目標就退場，是我投資獲利穩賺不賠的金科玉律。」

　　Lareina又說：「現在我才終於體會出來，『冷靜思考』跟『不要貪心』有多重要！」

　　聽完Lareina的話，朋友們一面點頭如搗蒜，心中不約而同冒出另一個想法：在投資市場表現如此超然又淡定的Lareina，不曉得在房地產表現又是如何？

理財懶人包

設定一個指標，例如：比當初購買價格多漲2元就賣出，或是多漲5元就賣出，絕不戀棧，不要想在最高點賣掉投資商品，只要當腦中出現『再等等，說不定這還不是最高點』的心態，就很可能導致不好的結果。

1-4 ▶▶▶
只是個喜歡整理房子的
包租婆

對黃金、股票、外幣……等投資方式所獲得的「資產收入」，Lareina所抱持的態度是「獎金」，而非「收入」。

看待這筆錢的輕重自然與一般人不同，正因為這樣的心態，導致Lareina投資時，能以更理性的角度來看投資這件事，規避掉那些耳熟能詳、卻很少人能徹底避開的投資風險。

在投資市場表現如此淡定的Lareina，在面對房地產投資時，會有與一般人不同的想法，還是跟大家差不多呢？

經過朋友們進行一番徹底瞭解後，個個忍不住驚訝嘆道：「Lareina乃非凡人也。」原來Lareina不只看待投資獲利的心態與眾不同，連成為擁有二十幾間房子的包租婆歷程，也相當具有個人特色。

事情的源頭，必須先回溯到Lareina對打掃家裡這件事，擁有一套獨特的方法開始。

Lareina很喜歡打掃房子，當大家對髒屋避之唯恐不及時，能夠把房子打掃的清潔溜溜，對Lareina來說卻是最大的成就感來源；再加上Lareina本來就是室內設計師，對於「該怎麼讓屋子看起來更棒」相當有一套。

擁有這項人人都迴避、她卻無比熱愛的特點，絕對是Lareina能在包租婆行列中勝出的致勝關鍵之一！

此等級就是所謂的「藍海商機」，沒有人想做的事，竟然是Lareina的最愛，在不知不覺中成為她年收入破百萬的重要關鍵。

Lareina喜歡低價購買屋況不好的房子，再經由室內設計的專長與喜歡打掃的嗜好，將老屋舊屋宛如灰姑娘接受魔法棒那一點，搖身一變成為舒適老屋或溫馨舊屋。

接著，Lareina會先住進房子裡，親自在屋裡生活幾天時間，或是找機會在春夏秋冬不同季節入住，體驗生活在屋裡的生活狀態好不好？

　　自己摸索出人跟房子之間的相處關係，像是「夏天晚上2點過後，只要打開房間窗戶，後山就會吹進舒適涼風，根本不需要開冷氣」、「冬天偏冷，地上鋪上地毯會比較舒服」這些事。

　　Lareina會在房客來看房時，告知以上訊息，如果剛好是冬天，就會在出租前貼心先鋪上暖暖的地毯，讓房客們能夠住得更開心。

理財懶人包

擁有這項人人都迴避、她卻無比熱愛的特點，絕對是Lareina能在包租婆行列中勝出的致勝關鍵之一！此等級就是所謂的「藍海商機」，沒有人想做的事，竟然是Lareina的最愛，在不知不覺中竟成為她年收入破百的重要關鍵。

1-5 ▶▶▶

熱愛打掃，「月薪」竟比醫生還高！

　　Lareina發現年收入破百萬後，辭掉原本的室內設計師工作，開始全心全意做自己感興趣的事。

　　扣掉「生活開銷」和五年內生活無虞的「儲蓄額度」後，Lareina會把多餘的錢再拿去買因為屋況太差而相對便宜的屋子，再來進行一場大整修與大清潔，最後閃亮把房子成功租出去。

　　雖然購買狀況很差的房子，讓她飽受身邊家人跟朋友們的質疑，耳邊時常傳來「房子那麼恐怖有誰要租啊」、「那間房能住人嗎」這些雜音。

　　但她卻從未動起「再也不買老舊屋」的念頭，因為這是她喜歡做的事，就算辛苦了點，卻能換回滿滿的成就感與她沒料想過的……財富收益。

從沒想過要靠收租金過生活的Lareina，自然從未想過自己的月薪居然能超過醫生。當身邊朋友羨慕能擁有如此豐厚的收入，Lareina總是說：「自己也從未想過能擁有這麼高的收入，她只是做自己喜歡做、善長做的事情而已。」

跟一般房東很不同的是，Lareina總是主動關心房客，對於家境比較不好的房客，也會以比較便宜的房租出租，或者協助對方申請各項補助。對她來說，自己跟房客之間的關係，比較像會互相關心的朋友，而不是單純供給屋子和承租房子這樣淡薄的關係。

因為會購買法拍屋，Lareina也曾經遇過前屋主仍住在裡面的狀況，經過與對方協調後，Lareina通常不會趕走對方，反而會以比較低的租金租給對方，讓對方能有個棲身之所。

我們應該都曾經聽說過，房東的某某某要從國外回來，要房客在極短時間之內搬出去的事。Lareina每次聽到朋友們之間傳來這樣的消息，神態都會發散出氣憤情緒。

「如果當包租婆只為了能夠輕鬆收錢，實在有點可惜，畢竟這是人與人之間最棒的互動之一。」這是Lareina的想法。

1-6 ▶▶▶

巴菲特把投資當成遊戲

　　當人類面對理財、投資這類事情時，總有人覺得這是盤古開天闢地以來最苦最苦的差事，那些亂七八糟的數字、分析、財務報表只會讓人頭昏目眩，但也有一群人以此為樂，甚至因此成為賺進大把、大把鈔票的方法。

　　Lareina不以必須整頓老舊屋子為苦，甚至能夠享受和人深入互動的關係。

　　對她而言，這份「自己想做再去做」的工作，為她帶來的不僅僅只是年收入破百萬，更重要的是成就感、瞭解老屋的整個過程，以及能與人更進一步的了解與互動。

　　股神巴菲特和Lareina擁有相似情懷。當大多數人對著財經報表猛皺眉頭時，巴菲特卻跟一般人不一樣，他熱愛閱讀財務報表甚於生活中其他事情。

　　相傳巴菲特有次和朋友們用餐，飯吃完了，酒也喝了，話也聊了，正當大家轉移陣地，打算換個地方繼續聊天，巴菲特突然站起身，朝大家做個抱歉的手勢，一臉像孩子努力克制自己的行為舉止，以免在獲得允許前、拔腿衝向自己最愛的冰淇淋，向眾人告個罪，表示自己要先回房一下。

　　打過招呼後，巴菲特回到房間，像嘴饞的孩子迫不及待抓過冰淇淋大快朵頤，雙手興奮地捧起財務報表，將一大疊令人頭腦發暈的數據、報表、艱澀分析津津有味閱讀著。

　　Lareina雖然是包租婆，但並不以「收租金」為樂，真正令她感到享受的是「工作成就感」以及「和人互動時的生活感」。

　　巴菲特雖然被譽為股神，但「賺大錢」絕對不是讓他感到享受的過程，真正讓他感到享受的過程是「津津有味閱讀財經報表」以及「敏感察覺並預測全球未來經濟趨勢」。

　　錢，是生活最基本的單位。

　　「沒有錢」，人很難擁有舒適的好生活；但如果「只有錢」，人也很難享有快意的好人生。

整體而言，錢是構築快樂的最基本單位，但這個基本單位並不需要特別多，有時候只要生活夠用就可以。

但如果完全沒有它，或擁有的不足夠，就會減少我們手中握有的選項，例如：因為房租租金夠多，Lareina能以此為生活盾牌，大膽辭去工作，專心為自己工作。

理財懶人包

1. 真正令Lareina感到享受的是「工作成就感」以及「和人互動時的生活感」。
2. 真正讓巴菲特感到享受的過程是「津津有味閱讀財經報表」以及「敏感察覺並預測全球未來經濟趨勢」。錢，是生活最基本的單位。
3. 沒有錢，人很難擁有舒適的好生活；
   但如果只有錢，人也很難享有快意的好人生。

1-7 ▶▶▶▶

「資產收入」
是我們的「生活費」

理財能為我們帶來什麼好處？

除了更快存到人生第一桶金，讓Lareina能以最快的速度擠身成為包租婆，為自己掀開人生全新的一頁生活之外，它究竟還帶來哪些好處？其中最大的好處又是什麼？

有的人會說，反正我一個月薪水不到三萬塊，談什麼理財？花都花不夠，哪需要費事整理。

這個想法，其實是錯誤的。正因為月薪不到三萬塊，才更需要好好理財，善用好不容易賺到的每一塊錢！

就像住在大房子裡，內部空間需要規劃，但沒有精打細算，人同樣可以在裡頭悠哉到處走來走去；但如果住在小房子裡，又不對有限的空間精打細算，人在裡頭生活就會顯得

相當擁擠，一旦擁有了新家庭成員或物品，這個空間將會不敷使用。

所謂的「理財」，就是不管人們住的是大空間，還是小空間，都能透過有效的空間收納，讓自己生活得迎刃有餘；空間之於收納，如同金錢之於理財。

我們可以藉由「空間規劃」，讓小坪數空間擁有妥善使用，運用金錢的道理也是一樣的；我們可以藉由財務規劃、理財技巧，讓一份薪水擁有更妥善運用，有時候甚至還能達到一元抵三元用的效果。這就是理財所能帶來的好處！

「理財」能帶給我們最大的好處是什麼？相信很多人會回答：不用再為五斗米折腰，一腳踢開爛工作，開始過起每天睡到飽、輕鬆自在的生活。這就是所謂的「經濟自由」。

什麼是「經濟自由」？**「經濟自由」：我們的生活費來自「資產收入」，而非「薪資收入」**；再講得更白話文一點，就是即使不工作，也無須煩惱明天的生活費，

如果人生踏入這個階段，我們手中就能握有更多的自由，可以選擇要不要繼續手中這份工作，或是瀟灑離職，從事自己真正感興趣的工作。

擁有「經濟自由」的人，每天要思考的問題是「**如何讓自己的生命更加豐富燦爛**」；無法擁有「經濟自由」的人，每天要思考的問題是「**如何賺到生活開銷所需要的金錢**」。

我們可以藉由財務規劃、理財技巧，讓一份薪水擁有更妥善運用，有時候甚至還能達到一元抵三元用的效果。這就是理財所能帶來的好處！擁有「經濟自由」的人，每天要思考的問題是「如何讓自己的生命更加豐富燦爛，而非如何向一份無聊工作妥協」。

1-8 ▶▶▶▶

不知不覺培養出
驚人「國際觀」

　　有些人學習投資理財後，才開始熱情注意全球新聞、資源分布、各國人口與GDP成長，將視野從台灣放廣到全世界；因為不管是黃金、外幣、股票幾乎是全球互相影響的，有時候一個意外的發生，只要懂得搶到先機，就能為自己獲得可觀的利益。

　　以全球為論，我們是否知道各國GDP排名為何？

　　是否依然是英美獨佔鰲頭，還是另有令人驚訝連連的排名？

　　以下是各國富有程度排名。
　　第一名：美國。
　　第二名：中國。
　　第三名：日本。

第四名：德國。

第五名：法國。

第六名：巴西。

由上列排名看來，我們不禁想問以往總是和美國一起控制油價的英國，居然不再前六名的排行榜上，到底掉到哪一名去？其實就在第七名，只是英國GDP竟排在巴西之後，是不是有些令人感到驚奇。

以前各國排名，常常美國是老大哥，日本站在第二位，德國卡位第三，中國排名第四，但近幾年排名產生劇烈的改變，中國擠掉德國，再來在西元2010年把第二名日本叫到後面站著。

現在中國發展依然看俏、潛力驚人，野心勃勃的中國眼睛盯著的是老大的寶座。國內外許多經濟學家都在預言，中國還需要多少時間，就能搶回以前全球經濟霸主的地位？

尤其在2013年，人民幣一腳踢掉日幣，成為全球第二大幣別後，中國野心勃勃想要制定油價的企圖心，便已昭然若揭。

中國的企圖可不只有這樣，它最想的為來局面，是人民幣取代現今美金地位，成為全球最大通用貨幣。中國古代唐

朝的長安（現今西安），就曾經是國際第一大城，日本跑來學習，蓋出京都，到現在京都格局還和唐朝的城市布局一模一樣，不管是棋盤式規劃或街名、門名，整個完全仿到日本去。

上面我們看過國家GDP排行榜，接下來我們一起來看看人均GDP排行榜，再次跌破眾人眼鏡。

第一名：盧森堡。

第二名：卡達。

第三名：挪威。

第四名：瑞士。

第五名：UAE。

第六名：澳洲。

盧森堡總人口數雖然只有台灣1/46，但因為國內以金融業為經濟大宗，所以產生驚人的經濟效果。

不曉得大家是否發現，國家GDP和人均GDP排行榜有多麼不同了吧？在國家GDP榜上有名的國家，在人均GDP排行榜上消失得無影無蹤。

如果人均GDP排行榜再往下看第七名，也沒有國家GDP前六名的國家，得一直把視線往後移、再下移，直到人均GDP排行榜第十四名，才能和美國老大哥揮揮手。

至於在2013年，兩人對換位置的中國和日本，現在又淪落到第幾名的位置去？第十八名是日本，中國跌到後面的第八十九名。

由上面資訊，我們可以知道，整體而言中國不斷從國家GDP、幣別排行榜一路攀上第二名寶座，接下來中國目光已慢慢轉向，目標差不多要緊盯著「如何提高人均GDP排行榜」這件事情上頭了。

理財懶人包

國內外許多經濟學家都在預言，中國還需要多少時間，就能搶回它以前全球經濟霸主的地位？尤其在2013年，人民幣一腳踢掉日幣，成為全球第二大幣別後，中國野心勃勃想要制定油價的企圖心，便已昭然若揭。中國的企圖可不只有這樣，它最想的是人民幣取代現今美金地位，成為全球最大通用貨幣。

不知不覺培養出驚人國際觀!

Part 2

理財，
簡易操作手冊！

2-1 ▶▶▶

理財第一步：自己到底擁有多少「總資產」？

　　很多人會覺得，自己又沒有擁有多少錢和有價值的東西，需要關注自己擁有多少總資產這件事嗎？

　　Iris和Jennifer先前也是這樣想的，但認真填寫表格，開始正視這個問題後，她們都發現原來管理自己的財務一點也不難，只需要動手花5分鐘時間，填寫以下幾張表格，就能輕鬆掌握自己的財務狀況，讓財務數字一面倒向越來越大的正資產。

　　一個人擁有多少資產，要從兩方面來看：一個是正資產，另一個是負資產。所謂的正資產，就是自己擁有些什麼；負資產則是負債。

　　以前常聽老一輩的人說，某某某住豪宅、穿戴炫富，那只是表面上好看，其實不過是空殼子，光鮮亮麗背後欠的錢比擁有的還多。

例如：住的豪宅上億，但其實這個某某某只付掉很低的房價成數，可能7成以上都是跟銀行借錢，而且說不定已經經濟拮据到每月只能支付利息錢，連本金都還不出來……

永遠不要羨慕我們眼睛看到的一切，也不要轉過頭，拿我們實際生活的種種，和別人表面上的幸福做比較，因為這並不是一件公平的事，也許透過深入了解後，會發現自己的生活其實也不差，有時候甚至比光鮮亮麗的人還要好、還要輕鬆、還要自在快活。

跨出理財第一步，首先要做的事，是先弄清楚自己現在到底有多少「總資產」？正資產是多少？固定資產有多少？流動資產有多少？負資產又是多少？

以下我們一起來看看Iris和Jennifer的「一組三套總資產表」吧！看完他們的例子，如果也想動手統計自己的總資產是多少，歡迎使用本書最後的空白表格喔！現在，讓我一起先來看看Iris的總資產表。

從「一組三套總資產表」中，可以看見Iris雖擁有一間價值500萬的房子，平常分散投資各項金融商品，但實際上還有300萬的房貸尚未付清，另外還有車貸50萬，光是「固定負債」就高達350萬。

Iris「一組三套總資產表」

正資產	項目	金額
固定資產	不動產	5,000,000
	存款	80,000
流動資產	股票	40,000
	基金	60,000
	銀行利息	6,000
	外幣	60,000
	黃金	50,000
總和		5,296,000

負資產	項目	金額
固定負債	房貸	3,000,000
	車貸	500,000
流動負債	和A朋友借錢	80,000
	和B朋友借錢	100,000
	和同事借錢	60,000
	液晶電視	20,000
	高級音響組	100,000
總和		3,860,000

總資產	金額	
正資產	5,296,000	
負資產	3,860,000	
總和	1,439,000	總合後為「正」資產

另外，Iris還跟朋友借了些錢，部分傢俱跟享受型家庭設備，也因為使用分期付款的方式，總共欠下約12萬元左右。

所幸正負資產加總起來得出1,439,000元的正資產，雖然目前手頭上有多筆欠款，但整體加總過後，算是有盈餘。

不過，在表格中，可以看到「流動資產」的不確定性，例如：今天黃金總價是50,000萬元台幣，萬一哪天下跌，也有可能變成25,000萬，另外固定資產中的房價，也可能不漲反跌，或者來個大暴漲，在表格最後的資產總合欄裡，寫上令人興奮的天文數字。

製作這幾張簡易表格，花個幾分鐘時間就能填完，但絕不是隨便寫寫，如果沒有把一項項目羅列出來，Iris很難憑第六感去了解自己現在擁抱的資產，到底是正資產，還是不知不覺中掉入負債的泥沼裡？

填完這張表格後，一直不覺得自己有什麼資產需要整理的Iris，開始規定自己每3個月就要填寫一次「一組三套總資產表」，藉著填寫簡易表格的動作，每3個月好好健檢一次自身財務狀況。

經過3年後，Iris發現驚人的效果……（詳情請見下篇文章）

2-2 ▶▶▶
「一組三套總資產表」
產生驚人效果！

　　承上篇，當Iris把手頭上所有資產寫上表格後，所有項目突然變得一目了然，她發現自己居然在不知不覺中累積出這麼多負債，其中包括跟身邊的人借錢，以及「向未來的自己借錢」。

　　所謂「向未來的自己借錢」，就是利用分期付款的方式買東西，萬一未來的自己工作不順沒有收入，要怎麼付出這筆錢呢？

　　Iris在意識到「向未來的自己借錢」這件事後，規定自己，如果想要購買某項產品，最負責任的方式就是評估現在的自己是否有錢支付，如果有，就使用現金支付，如果沒有，就不應該購買。

透過「一組三套總資產表」，Iris從「不覺得自己有必要弄清總資產」的心態，一百八十度轉變為「我要透過審視總資產表來好好理財」。意識到理財的重要性後，接下來她採取以下幾個步驟，來調整「自己跟資產」之間的關係。

• Iris規定自己每月至少撥出一天時間，了解跟重新規劃已經投資的金融商品，如果有漲就賣掉，先把錢裝進口袋裡，接著等待下次進場購買時機。

• 盡早還完欠身邊親朋好友的欠款。

• 在還完房貸與車貸之前，禁止自己再添購會造成財務負擔的高價商品，尤其是萬元以上的產品，包括：為了追求流行而買的手機。

經過風聲鶴唳的自我修正與規定後，原本就擁抱正資產的Iris，不僅快速解決負債表上的數字，讓上頭的數字不斷縮小，最後一刀斬落，讓某些項目永遠消失在負債表上，另外還積極把正資產上的數字不斷變大。

最棒的是，在意識到要「理財」接下來3年，Iris每隔3個月就抱著興奮又好奇的心情寫一次「資產表」，來審視自己目前的財務狀況是否健康？是否沒有負債？

現在Iris居住的房子往上漲了不少，最近她寫完「資產表」後，整個人幾乎天天眉開眼笑，以下就是她笑得闔不攏嘴的原因。

 3年後Iris資產表

正資產	項目	金額
固定資產	不動產	6,000,000
	存款	150,000
流動資產	股票	50,000
	基金	50,000
	銀行利息	10,000
	外幣	60,000
	黃金	50,000
總和		6,370,000

負資產	項目	金額
固定負債	房貸	2,500,000
	車貸	50,000
流動負債	和A朋友借錢	0
	和B朋友借錢	0
	和同事借錢	0
	液晶電視	0
	高級音響組	0
總和		2,550,000

總資產	金額	
正資產	6,370,000	
負資產	2,550,000	
總和	3,820,000	正資產往前大躍進！！

在這3年期間，Iris發生了一件很幸運的事，雖然和平均一年漲100萬以上的房子相比有點小巫見大巫，但Iris每天使用的房子，經過3年時間累積後，也順利漲了100萬，等於她每天連睡覺時間，房子都在幫她累積資產。

另外，這三年Iris在「一組三套總資產表」上，最積極從事的一件事，就是不斷讓「負資產」表格中項目欄裡的數字，通通轉變成0！當她每砍掉一筆負債，就覺得人生變得更為清爽自在。

接下來，比起把閒錢大量投入金融商品裡，Iris更想做的是快點把貸款還清，所以每存到一筆10萬元，就會拿去還掉貸款，看著數字越來越小的負債表，以及數字越來越大的正資產表，Iris有種自己越來越富足的幸福感。

下表就是這3年來，Iris資產表上的變動，3年內幾乎增加近280萬資產！其中最重要的一點是，當負債越來越少時，每月要付給銀行的利息也會越來越少，如此一來，自己的資產才能越來越多。

接下來，再讓我們一起來看看Jennifer那邊「一組三套總資產表」的情況吧！將會發現不知不覺中，如果沒有意識到需要理財，很可能會對資產造成什麼樣的負面影響。

總資產	金額	
剛開始理財	1,439,000	
理財3年後	3,820,000	
暴增資產	2,831,000	3年內增加近280萬資產！！

理財懶人包

1. 所謂「向未來的自己借錢」，就是利用分期付款的方式買東西，萬一未來的自己工作不順沒有收入，要怎麼付出這筆錢呢？

2. Iris在意識到「向未來的自己借錢」這件事後，規定自己，如果想要購買某項產品，最負責任的方式就是評估現在的自己是否有錢支付，如果有，就使用現金支付，如果沒有，就不應該購買。

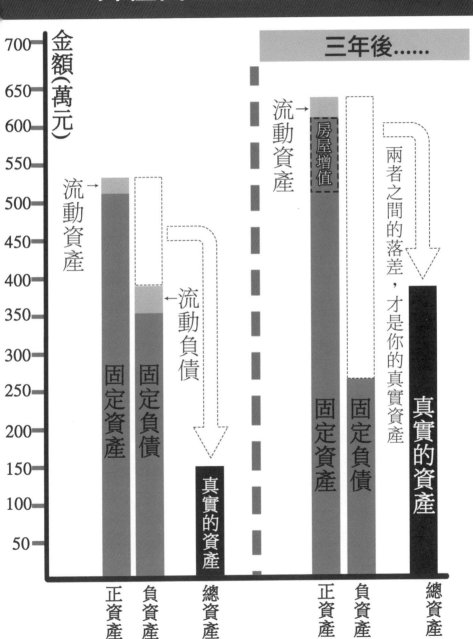

善用「一組三套總資產表」
弄懂自己的資產體質!

三年後......

金額（萬元）

700
650
600
550
500
450
400
350
300
250
200
150
100
50

流動資產→

流動負債→

固定資產

固定負債

真實的資產

流動資產

房屋增值

固定資產

固定負債

兩者之間的落差，才是你的真實資產

真實的資產

正資產　負資產　總資產　　正資產　負資產　總資產

2-3 ▶▶▶

你不理財，財就離開你

　　相較於Iris，Jennifer出社會工作沒幾年，就買下價值800萬的房子，扣除掉需要付現金的小部分頭期款，大部分貸款向銀行申請房貸，再不夠的，就申請信貸。雖然必須付出更高額的利息，但Jennifer認為應該很值得。

　　因為把工作幾年下來的錢，全都拿去砸在買房上，手邊存款不多，一些股票也是先前和朋友一起買的，現在處於相對低點，被套牢了根本動不得。為了裝潢新屋，Jennifer又貸款了房屋裝潢費，另外還要加上大型傢俱的費用。

　　Jennifer原本以為自己買價值800萬的房子，資產應該比Iris還樂觀，不然至少也應該是正資產，而不是負資產，直到她把表格一一填完後，才發現事情居然不是自己想的那樣……

Jennifer驚奇地發現，自己和擁有600萬房產的Iris相比，不僅沒有擁有比較高額的正資產，竟然是負資產，而且還整整負債65萬元以上！

 Jennifer資產表

正資產	項目	金額
固定資產	不動產	8,000,000
	存款	50,000
流動資產	股票	550,000
	基金	95,000
	銀行利息	0
	外幣	0
	黃金	0
總和		8,695,000

負資產	項目	金額
固定負債	房貸	7,000,000
	車貸	800,000
流動負債	和A朋友借錢	100,000
	名牌包	100,000
	和同事借錢	200,000
	大型家電貸款購買	250,000
	房屋裝潢貸款	600,000
	高級音響組	300,000
總和		9,350,000

總資產	金額	
正資產	8,695,000	
負資產	9,350,000	
總和	655,000	總合後為負資產

這點讓她本人相當傻眼，開始覺得當初拿去買房的那些錢，怎麼好像丟入水裡不見了似的。

仔細看看Jennifer的房貸金額，我們會發現數字高得嚇人，這個數字背後代表的不單單只是貸款700萬這樣簡單，它還要加入往後需要每月支付、數量驚人的利息錢。

更棘手的是，Jennifer因為好不容易買到新屋，太過高興了，不僅砸大錢裝潢、買昂貴傢俱，還和Iris一樣買了高級音響組，甚至買的比她還貴。

如果Jennifer在刷卡買音響、百萬名車前，先填寫完「一組三套總資產表」，就會發現自己表面上擁有比Iris還有價值的房子，但事實上她比Iris更需要錢，不管是房子、車子、傢俱、音響，甚至是手上提的包包，基本上她都還要為它們不斷努力工作，否則這些東西都還不算完全屬於她。

理財懶人包

仔細看看Jennifer的房貸金額，我們會發現數字高得嚇人，這個數字背後代表的不單單只是貸款700萬這樣簡單，它還要加入往後需要每月支付、數量驚人的利息錢。

2-4 ▶▶▶
「負資產」
是長期或短期？

在前面Jennifer和Iris的例子中，我們可以發現兩人都同樣買了房子，但其中優劣其實各有不同。

Iris從南部上來台北工作，平常在外租屋過生活，每月房租大約1萬塊左右，每次匯款給房東後，這筆錢就從此與她再無瓜葛，令辛苦工作把錢賺到口袋裡的Iris，常常為此心疼不已。

好不容易工作越來越順利，薪水從剛開始的2萬多塊，變成4萬塊左右，加上小有儲蓄，Iris終於決定買房止血，不想每月都有1萬塊離自己飄然遠去，而且再也不復返。

Iris看了一間500萬的房子，買下後，身邊多了300萬的房貸要繳。以前一個月房租錢要1萬塊左右，後來房貸約在1萬5左右，中間相差5千元，但只要想到房子20年後就是自己的，她就覺得很值得。

買了房子後，Iris工作得更起勁，再加上意識到理財的重要性，Iris在經歷過2次跳槽後，工作越換越好，經濟狀況也越來越上軌道。

對Iris而言，買房子不僅讓她每月省下一筆付給房東的租金，只需要再多付個5千元，20年後就能享有專屬於自己的房子。

反觀原本住在家裡的Jennifer，從不需要支付房租的她，因為購買需要付房貸700萬的房子，每月要給銀行的房貸約為3萬5以上。每月不僅要支付貸款本金，還要支付一大筆利息錢。

其實對Jennifer而言，最棒的購屋方式，應該是住在家裡時多存點頭期款，如此一來，往後的房貸費用也不會這麼重，甚至需要另外再信貸，才能順利買下房子。

Iris貸款買房，只要每月多付5千元，20年後就能賺到屬於自己的房子；Jennifer貸款買房，每月需要支付高達3萬5千元以上的費用，20多年後才能擁有屬於自己的房子。

後來Jennifer發現自己月薪4萬5千多塊，其中3萬5千多塊拿去支付房租後，每月生活費只剩下1萬塊左右，生活品質變得很差，再苦撐了幾年後，終於受不了越來越糟的生活

品質，Jennifer決定賣掉房子，回老家住，那些裝潢和傢俱就算送給新屋主，自己認賠殺出。

　　對Iris而言，負資產的存在只是短期，因為金額在能掌控的範圍，對生活品質影響較小，相較於原本就要付出的租金，買房扛房貸對她而言，反而是比較有利的決定，如果有閒錢，Iris就會先還掉，預估10年內絕對可以還完所有房貸。

　　對Jennifer而言，情況剛好完全相反，她不僅不可能提前還完貸款，甚至每月的生活費都快成為問題。這也是她後來苦撐不下去，賣掉房子的主要原因之一。

理財懶人包

　　對Jennifer而言，最棒的購屋方式，應該是住在家裡時多存點頭期款，如此一來，往後的房貸費用也不會這麼重，甚至需要另外再信貸，才能順利買下該房子。

2-5 ▶▶▶
看懂「理財陷阱」，避開人生重大風險

到底要不要借錢或貸款買東西？分期付款到底對我們有沒有好處？房貸前兩年不用支付本金，只需要付利息錢，對我們是利多還是弊多？

生活中，總是必須面對各式各樣的選擇，當我們做出要不要分期付款、要用多少年時間還完房貸、到底要不要運用房貸前兩年不用支付本金，只需要付利息錢這項措施時，其實已在不知不覺中開始理財。

其實所謂「房貸前兩年不用支付本金，只需要付利息錢」，本金並沒有減少，前兩年的只需要付利息錢，只是為兩年後的自己增加更多的負擔。

「晴天送傘、雨天收傘」的銀行雙眼盯著前兩年的利息錢，能從這項措施得利的，銀行可能大於貸款，因為很可能只有銀行能多收些利息錢。

買車、買大型傢俱要不要分期付款？根據分期付款是「向未來的自己借錢」這點，並不建議太常利用分期付款方式買東西。

身邊有朋友月薪6萬，日子過得挺舒服，因為工作時間很長，平常嗜好不是窩在家裡睡覺，就是上網買東西，而且幾乎每次都用分期付款方式付款，本來也不覺得有什麼，但不幸的事發生了。

朋友任職的公司突然無預警倒閉，頓時失業的朋友，正在慶幸存款裡還有點錢可以過生活，接下來必須好好縮衣節食，不能再上網亂買東西，直到找到新工作，才能恢復以前的生活。

朋友的危機意識很高，握著存款簿算了一下，只要在3個月內找到新工作，就能順利度過眼前難關。存款簿裡的存款，無疑為朋友預留了3個月的厄運緩衝期，只是這時候帳單來了。

當朋友打開帳單，看到上頭本期應付金額的數字後，身後馬上出現晴天霹靂的白色閃電！最要命的是，上頭本期應付金額的數字，居然正好就是存款簿裡的數字，一切巧合的宛如這是上天對他的惡作劇。

那些消費金額不是朋友失業後刷的，而是他先前「分期付款」留下的遺毒，先前每月收入6萬時，能輕鬆付掉這些款項，但失業時，這些源源不絕的應付金額成為他這輩子最大的夢魘。

沒有人能預測未來世界會變成什麼樣，也無法篤定公司不會突然倒閉、老闆不會無預警捲款落跑；因為現在的購物慾望，要未來的自己去承擔一樣加上一樣、不斷延伸的「分期付款金額」，是一種極為冒險的行為。

朋友最後花了足足4個月才找到新工作，在這4個月裡，他必須伸手向家裡、朋友借錢，飽嘗人情冷暖過後的他，之後再也沒有用「分期付款」買過任何東西。

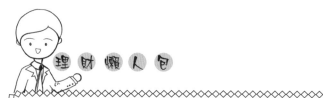

理財懶人包

「房貸前兩年不用支付本金，只需要付利息錢」，本金並沒有減少，前兩年的只需要付利息錢，只是為兩年後的自己增加更多的負擔，「晴天送傘、雨天收傘」的銀行雙眼盯著前兩年的利息錢，能從這項措施得利的銀行可能大於貸款，因為很可能只有銀行能多收些利息錢。

分期付款是「向未來的自己借錢」

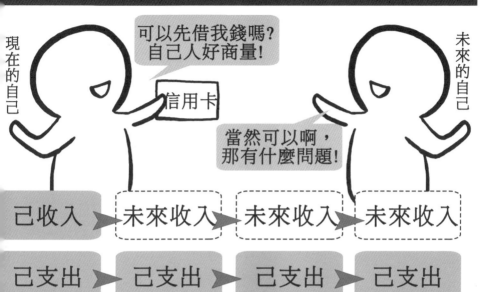

當預期的收入消失時......

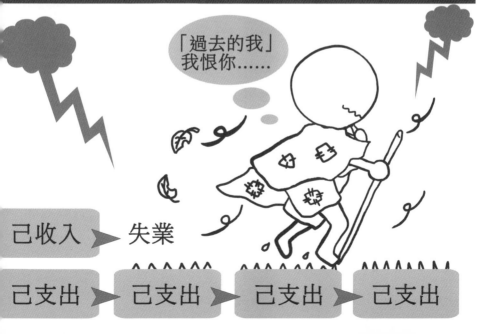

2-6 ▶▶▶
投資跟「錢多寡」較無關，跟「時間長短」則有高相關

理財，有時候跟整理房間很像。

整理「房間」，能讓空間運用更妥當，原本雜亂的物品一一整理好後，常常會發現小小的房間，居然又多出好多能運用的空間。

整理「財務」，能讓金錢運用更妥當，原本雜亂的支出一一整理好後，常常會發現一份微薄薪水，居然又多出好多能運用的方式。

亮琳從大學時代就開始閱讀大量投資理財書籍，學費由家裡幫忙支付，還在念大一的她，必須每月打工賺取生活費，平均每月打工收入有1萬左右。亮琳不管當月收入多少，固定每月丟3000元到優良基金裡。

每月讓基金自動扣款的好處有很多，例如：剛開始設定好後，就無須再費心神去碰，省時又省心；另外，設定自動扣款可以在基金處於低檔時，購入較多的數量，在基金處於高檔時，購入較少的數量，符合基金「逢低應該加碼買進」的操作法則。

亮琳打工收入並不固定，每月的生活費也不固定，但每月基金扣款永遠都是3,000元，從未改變過，儘管她大學畢業，一直到出社會工作，不但沒有停止扣款，反而加碼由3,000元增為5,000元。

出社會後，亮琳每月會固定撥出一些時間了解基金、關心國際情勢、閱讀財經報表，並在適當時候賣出上漲的基金，再把獲利的資金轉往可以購買的基金，持續相同動作，從未從裡頭領錢出來花用過。

工作10年後，亮琳因緣際會下開了一間火鍋店，開店資金就是這十幾年丟入基金裡累積出來的錢。很幸運的，亮琳的火鍋店因為食材很新鮮、湯頭用天然甘蔗跟大骨下去熬製，獲得空前好評。

火鍋店營業3年後，亮琳買下一直租賃的店面，2年後，她又買下火鍋店隔壁的店面，兩間打通，擴充為擁有兩間店面大的火鍋店，賺進大把、大把鈔票。

投資基金、股票、黃金……等等金融投資商品，獲利10%就算不錯，20%就算幸運，30%以上就會讓投資人掩嘴偷笑，心裡直呼這次收益真是不錯，但其實有種投資的獲利計算，不是10%、20%、30%，而是100%、200%、300%，大家猜出是什麼投資方式了嗎？（答案請見下篇「致富靠投資，而非薪資」）

理財懶人包

每月讓基金自動扣款的好處有很多，例如：剛開始設定好後，就無須再費心神去碰，省時又省心；另外，設定自動扣款可以在基金處於低檔時，購入較多的數量，在基金處於高檔時，購入較少的數量，符合基金「逢低應該加碼買進」的操作法則。

2-7 ▶▶▶
致富靠「投資」，
而非「薪資」

　　美國有名的富翁們，除了巴菲特致富方法是投資股票以外，其餘大多是靠投資創業致富，例如：價伯斯、比爾蓋茲……等等。

　　亮琳很清楚這一點，所以她的財務規劃，是先利用投資能夠獲利10%以上的基金，先幫自己累積滾出第一桶金，再藉由這桶金投資創業，打造屬於自己的火鍋店面。

　　擁有兩間打通成一間火鍋店面的亮琳，光店面現值就有3千萬以上的資產；如果沒有大學時代積極不懈的每月3,000基金投資，她不會擁有創業時需要的第一筆基金。

　　如果沒有這第一桶金，她很可能會錯失這次投資火鍋店的機會；沒有投資火鍋店，她就不會走到今天擁抱兩間黃金店面的不動產，以及擁有一間宛如金雞母般的火鍋店。

亮琳很慶幸自己在大學時代閱讀很多投資理財書籍，才能搶先在20歲左右，就已經擬定好短期、中期、長期投資計畫。以下是亮琳擬定的三種投資計畫，和大家分享。

　　短期投資計畫：重心放在「打工」和投資「定期定額基金」。

　　短期計畫時間：從大一到大四，總共四年的求學生涯。

　　首要目標：負擔自己的生活費，同時用最少時間、最少精力做些能錢滾錢的小投資，與其把錢存在利息不到2%的銀行裡，不如放入基金市場裡錢滾錢。

　　選擇基金，不選擇股票的原因：基金所需要的金額相對較小，股票有時候一張動輒好幾萬，並不是大學生所能負擔的起。另外，比起股票，基金是5年以內較容易達成目標的投資項目，收益相對穩定的基金是她的首選。

　　至於股票，對學生來說，太貴又必須放超過5年以上，才能有比較好的收益，亮琳打算在基金這裡累積一定的金錢後，再投入股票。

　　中期投資計畫：重心放在「一份正職工作」、投資「定期定額基金」以及股票。

中期計畫時間：從18歲到30歲，總共十年左右的求學、打工、出社會生涯。

首要目標：積極讓自己存款數字變大，好實現最終極的目標。

長期投資計畫：重心放在「整合身邊所有資金」和投資「創業」開間火鍋店。

長期計畫時間：從18歲到30多歲，總共十五年左右的求學、打工、出社會、學習開店生涯‥。

首要目標：開火鍋店。

意外收穫：黃金店面屋主突然急需資金周轉，亮琳把火鍋店賺到的錢以及部分存款集中，買下黃金店面；從此不只省下每月十幾萬的店租費，另外還能享受連睡覺都在賺的房屋增值。

更幸運的是，當亮琳正考慮要如何展店時，剛好隔壁的烤肉店收掉，她立刻與該屋主商量，以比市價高一成的價錢，順利買下緊鄰的黃金店面，將火鍋店順利擴充為更寬敞、更舒適的用餐環境，業績也隨之蒸蒸日上。

2-8 ▶▶▶
理財是種樂事，
不是苦差事

　　一切從零開始，一個大學必須打工賺取生活費的女大生，畢業工作多久以後才能擁抱千萬資產？

　　假設該學生很幸運的，剛出社會就擁有一份3萬塊左右的薪水；工作5年後，薪水提高為5萬塊；工作10年後，薪水提高為6萬塊。

　　3萬乘以5年，總共賺取180萬；5萬乘以5年，總共賺取300萬；6萬乘以5年，總共賺取360萬。工作15年後，年齡約為37歲，15年薪資全部加總起來約840萬。

　　以上這還是以比較幸運的薪資來計算，另外還要扣掉生活費、房租費、保險費、各種開銷、旅行費用，當這名學生工作15年後，因為工作關係賺到840萬，但一直放在口袋裡的錢，恐怕不到一半，甚至很可能低於200萬。

現在我們再把視線轉回亮琳身上，她現在還不到40歲，卻已經擁有一間能下金雞蛋的火鍋店，把公司交給培養出來的經理人後，每天她只需要負責巡視店面、參與必要會議就算完成工作。

先不看火鍋的月營收是多少，光兩間已經付清貸款的黃金店面，就已經價值3千萬以上，而且價格還在日復一日的生活中，不斷慢慢往上漲。

張愛玲說，成名要趁早；亮琳則常說，賺錢要趁早。

她付出人生其中的15年，不斷投入創業工作中，終於在40歲前實現大一時候自己設下的長期目標，從此不用再為錢煩惱、為錢工作、為錢斤斤計較。雖然她只在大學時代比其他同學早跑4年，其餘時間都跟一般人一樣，當個上班族，並無不同。

但關鍵的那桶金與投資目標，從大學時代一直放在她腦子裡，等機會出現，她立刻能嗅出機會來臨的時刻，伸出手，用已經累積多年的儲蓄，一把緊緊抓住機會。

現在亮琳不到40歲，已經「經濟自由」；如果她活到80歲，人生將還有一半的時間可以拿來享受，而非為了一份可能自己並不喜歡的工作努力撐下去，為了五斗米，不但

要忍受無禮的客戶、老愛亂發神經的敏感型老闆，還要時時提防總在背後捅人一刀的同事。

　　亮琳和其他人不同的地方，其實不多。說穿了，就是大學時代早跑4年，最最重要的是那份專屬於自己的「投資創業計畫」！

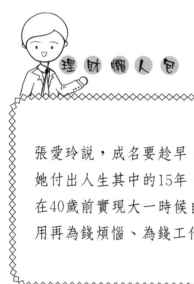

　　張愛玲說，成名要趁早；亮琳則常說，賺錢要趁早。她付出人生其中的15年，不斷投入創業工作中，終於在40歲前實現大一時候自己設下的長期目標，從此不用再為錢煩惱、為錢工作、為錢斤斤計較。

2-9 ▶▶▶

厭惡失敗，但不怕失敗

　　理財投資最討厭賠錢，因為賠錢就意味著這次「投資失利」，是失敗。

　　沒有人喜歡失敗，但為什麼總有人一再從失敗的泥沼中站起身，不斷繼續奮鬥，而不是離失敗的可能性越遠越好？**他們不是喜歡與失敗為伍，而是想要成功的慾望更強，他們也許討厭失敗，但絕對不怕失敗！**

　　很多人在跨出第一步之前就被恐懼籠罩，總是用很多理由或藉口，阻止自己去做內心渴望去做的那些事。

　　例如：導演魏德聖如果怕沒錢，怕失敗，台灣電影史上就不會出現賽德克巴萊這部電影。導演曾經說過，他曾經和幾個朋友一起討論要拍片，但最後真正去做的人只有他一個。

我們不知道其他人現在在做什麼，但我們知道魏德聖導演已經完成自己的夢想，闖出一番知名度，往後也陸續有作品產出。

生活在現代的我們，有時候想要過什麼樣的生活，不能指望老天爺給，必須告我們自己主動去追求、去爭取、去贏得！

投資金融商品需要繳交學費，很多一路披荊斬棘的過來人，總是不斷發出「剛開始投資就賺錢不是好事」、「投資還是投機，自己一定要分清楚」、「不要盲目追高賣低」、「要學會看懂財經報表」、「不懂國際趨勢，就盲目投資，等於讓自己辛苦賺來的錢靠近危險火堆」。

又或者以下這些話：「千萬不要買不懂的產品，例如造成2008年金融風暴的連動債」、「反向操作才能讓人在股市中獲利」、「一定要懂得分散風險，雞蛋不要都放在同一個籃子裡」。

「不入虎穴，焉得虎子」這是老祖宗留下的經典名句，放到現代來看依然非常適用。不要害怕失敗，因為**失敗就像黑暗的洞窟，只要再往前面走一點點，也許裡頭就藏著閃亮亮的大量寶藏。**

理財懶人包

投資金融商品必知6大守則：

1.要學會看懂「財經報表」。

2.不懂「國際趨勢」，就盲目投資，等於讓自己辛苦
　賺來的錢靠近危險火堆。

3.千萬不要買不懂的產品。

4.「反向操作」才能讓人在股市中獲利。

5.一定要懂得「分散風險」。

6.「千萬不要跟風」，當大家一窩蜂想買……股票
　時，通常就是即將大跌的警訊。

2-10 ▶▶▶
錢不是拿來花，
而是拿來用的！

人為什麼要賺錢？

答案很簡單，我們想要生存、想要享受各種服務、想要獲得新東西，因為需要花錢，所以想要賺錢。

另外還有一種回答，比這個答案更聰明一點：我們想要生存、想要享受各種服務、想要獲得新東西，因為需要花錢，所以要賺錢，同時，我們不會把錢全部用光，按照82法則，賺十塊錢存兩塊，把錢當作勾錢的工具，以期往後不需要再「為賺錢而賺錢」。

「花錢」人人都會，但並不是每個人都懂得如何「運用錢」。最初階懂得拿錢賺錢的方法，就是「定存」。只要把錢存進銀行定存，固定一段時間後即能擁有一筆利息錢。別小看這個動作，有時候利息能有好幾千塊、甚至上萬。

重點是我們只需要跑一趟銀行或郵局，就可以完成定存動作，只要不解約，定存單設定為會自動不斷續存，等幾年時間過去，再回頭看看，會發現一筆不少的利息錢已經乖乖躺在我們的銀行戶頭裡。

　　理財不是一蹴可成的東西，它需要經過長時間了解、醞釀、不斷進化。「理財」是「有效管理自己的錢財」，不是中樂透，更不是一夜暴富。

　　理財投資是種需要大量理性跟邏輯思考的事，透過一定的做事方法，砍斷不良的花錢習慣，先把錢留在身邊，再搬出不斷進化的理財技巧，將存在身邊的錢做最妥善的運用。

　　假如我們的存款簿是水塔，每一條支出就像根水管，只有啟動那一項花費，錢就會像水一樣不斷往外流。

　　杜絕不必要的花費，把錢存起來，轉過身來用在自己想投資的商品上，或者選擇創業，都是「運用錢」的方法。

　　對理財有興趣的人，吃飯也在想，喝水也在想，該如何建立出優秀的「用錢」方法。

　　賺錢的方法有很多，存錢的方式也不少，賺錢管道跟新產品更是日新月異，理財是我們一輩子都會碰到的課題，無

時無刻不再面對跟錢有關的任何事。理財是一種不斷精進的學習過程，等我們跟它再熟一點，就會發現它無時無刻都出現在我們身邊。

不要以為只有當我們決定買股票、黃金、基金時，才是所謂的理財，其實從我們考慮該買A品牌手機，還是S牌手機時，就已經在理財。

其中包括哪支手機比較便宜、哪支比較符合自己需要、哪一支後續費用多到嚇人……看似很細小的小事，其實都是理財的一部份。

理財懶人包

「花錢」人人都會，但並不是每個人都懂得如何「運用錢」。我們想要生存、想要享受各種服務、想要獲得新東西，因為需要花錢，所以要賺錢，同時，我們不會把錢全部用光，按照82法則，賺十塊錢存兩塊，把錢當作勾錢的工具，以期往後不需要再為賺錢而賺錢。

MEMO

Part 3

「資產配置」最優化，
財富自然滾滾而來

3-1 ▶▶▶
「時間配置」影響
「財產配置」

　　Lucine大學從歷史系畢業時，對財經這一類事情完全不知道，也不清楚買房頭期款到底是幾成，對所謂「每月要支付的房貸」抱有莫名的恐懼，總覺得房子買下去後，注定要被房貸綁死一輩子。

　　畢業後，Lucine得到一份月薪25K的薪水；在此之前，她整整有半年找不到工作，光靠每月打工得來的一萬多塊過生活，其中有將近一半得拿去付房租，這半年來的生活，讓Lucine親身了解到一件事：房租會吃掉大部份辛苦賺來的薪水。

　　工作半年後，Lucine權衡了一下交通時間、費用跟住宿費用，最後決定搬到公司附近的租屋，雖然租金要一萬塊，但可以省下不少交通時間，少了舟車勞頓，Lucine每天回家後還有精神做飯吃，更棒的是，還有時間跟體力看點書，增進自我理財投資方面的知識。

當其他同事們下班後興沖沖往夜店衝去，Lucine卻選擇回家，每天花2小時左右時間開始學習理財。經過3個月後，Lucine知道房租費花掉自己快要一半的薪水，於是決定買一間屬於自己的小窩。

固定支出	每月支出
房租＞＞即將變成兩萬元	10,000
水費	250
電費	750
手機費	1300
網路費	1100
瓦斯費	266
交通費	0
每月固定支出總和	13,666

流動支出	每月支出
早餐	1,800
午餐	3,000
晚餐	2,000
治裝、鞋費	2,000
雜用	500
飲料費	1,500
每月流動支出總和	10,800
每月總支出	24,466

Lucine首先觀察了一下公司附近的房價，弄清適合自己的房型約莫需要400萬左右的金額，她回家與親人商量，約定好由家人幫忙出資頭期款部份，最後家人決定先付掉200萬，總價400萬的房子於是到手。

Lucine以後每月需付1萬塊左右的房貸給銀行，繳200萬的房貸本金加利息，另外還得付1萬塊給家人，算是頭期款200萬的本金加利息。她精算了一下，只要撐過20年，這間房子就是自己的，再也無須支付任何房租費用。只是，每個月要付給銀行跟家人的錢，加起來總共要2萬元，只剩下5,000千塊過生活，其實相當吃緊。

永遠不要看輕自己，當我們把目標設得比能力還高一點點的時候，會驚奇地發現自己居然有能力到達這個門檻！

上頁表格以下是Lucine每月生活開銷，總支出約要24,466元，一旦房租一萬變成房貸兩萬元，總支出勢必破表，Lucine是否能調整每月花用，順利把每月開銷壓在25K以下呢？（請見下篇「財商，決定5年後的生活」，看看Lucine是否能順利撐過每月兩萬的房貸壓力、每月開銷是否能壓在5,000元以下？）

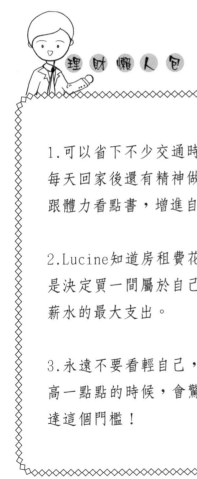

理財懶人包

1.可以省下不少交通時間，少了舟車勞頓，Lucine 每天回家後還有精神做飯吃，更棒的是，還有時間跟體力看點書，增進自我理財投資方面的知識。

2.Lucine知道房租費花掉自己快要一半的薪水，於是決定買一間屬於自己的小窩，堵住每月花掉最多薪水的最大支出。

3.永遠不要看輕自己，當我們把目標設得比能力還高一點點的時候，會驚奇地發現自己居然有能力到達這個門檻！

3-2 ▶▶▶

財商，決定5年後的生活

　　Lucine是否能順利撐過每月兩萬的房貸壓力、每月開銷是否能壓在5,000元以下？

　　首先，Lucine決定用5,000千塊生活看看，因為不需要房租費用跟交通費用，生活開銷就剩下水電費跟手機費，連家裡的網路都被她停用，反正手機可以上網就好，用不著為自己不用的服務付費。

　　右頁表格是Lucine買房前與買房後的「每月支出表」。

　　我們可以看到房租一萬，轉變成房貸兩萬，但Lucine把目光焦點鎖定在20年後再也不用支付任何房租或房貸上頭。為了20年後的輕鬆生活，她積極想方設法把生活其他開銷降低到5,000元以下。

固定支出	每月支出	後來支出
房租	10,000	20,000
水費	250	250
電費	750	500
手機費	1,300	500
網路費	1,100	0
瓦斯費	266	200
交通費	0	0
每月固定支出總和	13,666	21,450

在「固定支出」方面，因為開始意識到要好好節約這點，電費、手機費、瓦斯費都確實調降，原本固定支出約為13,666元，現在雖增為21,450元，但Lucine甘之如飴。

接下來，Lucine必須把「流動支出」控制在3,550元以下，否則每月薪水就會用不夠。

為了收支平衡，Lucine以前三餐外食，現在則改為全部自己煮，另外治裝費跟飲料費也先暫時取消，用便宜的茶包代替，現在讓我們一起來看看，Lucine是否能把「流動支出」控制在3,550元以下吧。

以下表格是她經過調整後的「流動支出」。

流動支出	每月支出	後來支出
早餐	1,800	600
午餐	3,000	1,500
晚餐	2,000	900
治裝、鞋費	2,000	0
雜用	500	500
飲料費	1,500	0
每月流動支出總和	10,800	3,500

答案出爐，雖然相當驚險，但Lucine經過努力後，確實把流動支出控制在3,550元以下，尤其以前早餐她總是買個三明治搭配飲料，現在則自己準備茶包跟三明治，只是多花了點時間製作，就可以省下不少錢。

買房後，Lucine常常驚呼，以前以為自己用25K過生活，已經將當懂得節約，直到買房後，才發現原來以前有多浪費錢，其實生活中很多事情只要多花點時間，就可以省下不少錢。

這樣的生活持續一年後，Lucine對生活中要自己動手做餐點這件事，變得相當駕輕就熟，於是她決定假日再去兼一份工作，每月收入硬是又多了一萬塊，另外工作方面的薪水也調漲了，一個月28K。

儘管收入增加了，Lucine依然維持買房後第一年的生活開銷，兼職多賺的一萬多塊，加碼拿去還掉欠銀行的房貸，至於薪水上多增加的3K，則定期定額購買高風險高獲利的基金。

後來不管薪水增加多少，Lucine總是把多出來的錢拿去投資，每筆收益超過30％便立刻賣掉，再尋找合適的投資標的。12年後，Lucine順利還清銀行房貸，基金獲利全部領出再加上年終獎金，剛好能還掉欠家人的貸款。

Lucine的生活開銷依然維持在5,000元左右，偶爾還是會奢侈一下，但每月支出絕不超過一萬塊。

現在Lucine月薪六萬塊，不再需要做兼職工作，而是積極存下另一筆頭期款，為自己的包租婆之路做準備。

財商，決定你生活的幸福額度！

租屋的生活

固定支出 | 流動支出

買房後的生活

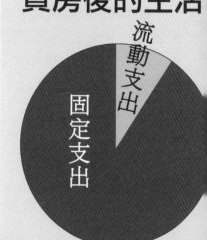

流動支出

固定支出

20年後......

固定支出 | 流動支出

X 生活一成不變

流動支出

固定支出

✔ 繳完房貸後，
不但有房，還有
多的錢作投資！

理財懶人包

1. 以前以為自己用25K過生活，已經將當懂得節約，
   直到買房後，才發現原來以前有多浪費錢，其實
   生活中很多事情只要多花點時間，就可以省下不
   少錢。

2. 儘管收入增加了，Lucine依然維持買房後第一年
   的生活開銷，至於薪水上多增加的3K，則定期定
   額購買高風險高獲利的基金。後來不管薪水增加
   多少，Lucine總是把多出來的錢拿去投資，每筆
   收益超過30%便立刻賣掉，再尋找合適的投資標
   的。

3. 現在Lucine月薪六萬塊，不再需要做兼職工作，
   而是積極存下另一筆頭期款，為自己的包租婆之
   路做準備。

3-3 ▶▶▶

「薪資階級」到「富有階級」，關鍵在於……

　　薪資階級到富有階級，關鍵在於：是否擁有「理財投資計劃」？「理財投資計劃」的重要性，決定我們是否能進入「經濟自由」，也就是不用再為錢煩惱的階段。

「理財投資計劃」主要分為兩大階段：

第一階段：「年存款」可以存下多少錢。
　　不管賺大錢或小錢，不管年收入多或少，重點在於「年存款可以存下多少錢」，這才是決定是否能從「薪資階級到富有階級」的最重要關鍵！

　　這是「理財投資計劃」的第一階段，如果沒有順利處理好這個部分，將很難進入第二階段，畢竟理財投資的第一階段就是得「先有錢」才行。

第二階段：是否掌握「理財投資計劃」關鍵四大要素。

· 理財首重「守」，投資首重「衝」。

理財剛開始要能守住錢，接下來一旦看中想要投資的標的，不管是黃金、股票、基金，還是房地產，都必須憑著一股衝勁才有辦法跨出第一步。在跨出第一步前，應該多聽多看多學習，最忌諱道聽塗說、盲目投資。

· 贏在「起跑點」。

張愛玲說成名要趁早，理財投資也是相同的道理，因為投資獲利是以「複利」來計算，剛開始效果不大，隨著時間流逝，將會產生驚人效果，就像細胞分裂一樣，剛開始只是一分二，二分四，等到分裂到一百時，產生的效果將會令人大為吃驚。

越早踏入理財投資行列，錢滾錢的速度才會越來越驚人，畢竟投資獲利，除了看投入「資金多寡」以外，還要乘以「時間」，才是最後的獲利。

· 謹慎選擇投資標的。

不管是買賣股票、基金，還是房地產，都要選擇自己懂的東西，如果不懂，就必須先花時間跟精神了解過後，再選擇適合自己的投資標的。

這是投資理財中非常重要的一環，一旦選錯標的，往往伴隨而來的是得繳上一大筆學費，萬一口袋不夠深，因此背負千萬債務也大有人在，不過，如果在決定投資前，多做功課，用預防代替繳交大筆學費，將會讓投資理財更為輕鬆，也能獲利更多。

· 要耐的住性子。

在投資理財的領域裡，除了金錢來來往往之外，如何選擇買賣時機也是非常重要的功課。有的人很幸運在低檔買了，等到幾年市場終於回溫，因為被套牢太久，等不及就一鼓作氣通通賣掉，以求損益平衡。

其實這時候往往只要多再放一段時間，很可能反黑為紅，不只能損益平行，幸運的話，還能大賺一筆！

在這裡選擇賣與不賣有兩大關鍵，第一是投資者個性是否耐得住，第二則是自信心是否足夠？如果當初判斷這項投資一定會越來越好，只是時間早晚問題，通常能比一般人持有更久的時間。

唯有當持有時間夠久，所產生的效應才能被放大到驚人的程度，否則一般來說收益超過20％，就已經很令人驚喜。巴菲特長抱可口可樂股票的例子，就是要耐得住的最佳範例。

巴菲特之所以能擋得住流言蜚語，撐過這麼長時間，除了本人性格很能忍之外，他對自己當初的判斷也相當有自信，同時他的自信並非空穴來風，而是真的使用過該產品，對該公司的產品有信心的緣故。

理財懶人包

1. 「理財投資計劃」的重要性，決定我們是否能進入「經濟自由」，也就是不用再為錢煩惱的階段。

2. 「理財投資計劃」主要分為兩大階段：
   第一階段：「年存款」可以存下多少錢。
   第二階段：是否掌握「理財投資計劃」關鍵五大要素。

3. 「理財投資計劃」關鍵四大要素：
   a. 理財首重「守」，投資首重「衝」。
   b. 贏在「起跑點」。
   c. 謹慎選擇投資標的。
   d. 要耐的住性子。

4. 「理財投資計劃」中的關鍵階段：「年存款」可以存下多少錢。詳細內容可參考馥眉《20幾歲，一定要存到100萬》一書。

3-4 ▶▶▶
理財投資一定要知道的三件事

掌握住「理財投資計劃」主要兩大階段後，另外還有三件事需要特別注意，才能確保在投資理財領域中，能從容應對瞬息萬變的市場。

以下分享「理財投資一定要知道的三件事」。

第一件事：敢於「危機入市」。

當人開始產生恐慌時，只要能夠不慌，就能擁有獲得大利的機會，不過，除了個人心態問題之外，在平常投資理財時，也別忘了規劃一筆「危機入市」基金，以免當最佳投資點出現時，所有資金都被套牢，沒有多餘的資金可以投資，那就太可惜了。

巴菲特名言：當別人恐懼時，我貪婪；當別人貪婪時，我恐懼。

第二件事：必須持續不斷訂立「投資目標」。

「沒有前進，就是後退」，在投資理財市場中，這句話也相當適用。一般公司在設定營業目標時，會用「成長」10％、20％來當作目標，這裡所謂的成長，就是要比現在更好，這才是正規公司的目標。

投資理財市場也有相同狀況，當手中投資出現獲利超過30％時，如果是投資好手，大多數會選擇立刻賣掉，讓現金入袋，接著在積極尋找值得投資的標的物。

在投資領域裡，身邊朋友大致上可分為兩大類：一類是「買了就忘型」，時常長達3年以上懶得去碰自己已經購買的投資，另一類是「時常照顧型」，他們通常固定會做部位調整，尤其在接收到新資訊、最新國際形勢、氣候突然產生劇烈變動，或者是親身到某國旅行或出差後，回來立刻大買或大賣該國股票或基金。

投資有時候就跟照顧花草一樣，必須時常澆水施肥，在必要時剪去不想要的部分，留下想要的，才能在投資理財領域中獲得更大收益。

第三件事：懂得「分散風險」。

此處所謂的分散風險，想談的是必須放眼全球，不要把所有的資金一股腦兒通通放在某一國家，也無須把所有資金

全部投入某一產業；不管我們有多麼看好哪個國家或產業，都別忘了天有不測風雲這句話。

美國知名地產大亨川普，當美國房地產走下坡時，川普家族並沒有依然埋頭猛蓋新新大樓，而是轉變策略，以便宜價格收購別人已經蓋好的大樓，尤其那些因金融海嘯倒閉公司所蓋的大樓。

在房地產低迷時，川普家族也沒有太執著於房地產，而是利用原本優勢，將大樓轉身變成娛樂性建物或飯店，讓手頭中的資產能夠做最有效、最有利、最優化的處理。

在投資理財市場中，誰更能靈活運用、誰能掌握最新資訊、誰能觀察出世界趨勢，那個人就會是最大贏家。

理財懶人包

1. 「理財投資一定要知道的三件事」：第一件事：敢
   於危機入市。第二件事：必須持續不斷訂立投資
   目標。第三件事：懂得分散風險。

2. 巴菲特名言：當別人恐懼時，我貪婪；當別人貪婪
   時，我恐懼。。

3. 當人開始產生恐慌時，只要能夠不慌，就能擁有獲
   得大利的機會，平常投資理財時，別忘了規劃一筆
   「危機入市」基金，以免當最佳投資點出現時，所
   有資金都被套牢，沒有多餘的資金可以投資，那就
   太可惜了。

4. 投資有時候就跟照顧花草一樣，必須時常澆水施
   肥，在必要時剪去不想要的部分，留下想要的，才
   能在投資理財領域中獲得更大收益。

投資必勝三大準則

　　投資人，常出現一種矛盾渴求，一方面希望自己的投資能夠很穩定，至少本金不能被市場波動傷筋動骨，另一方面又期待股票基金通通大漲，狠狠賺它一筆把荷包塞滿滿。

　　這裡頭藏著一條思考邏輯謬誤：如果我們期待某項金融商品能夠狠狠地漲時，通常它也很有可能會狠狠地跌；相同的道理，如果我們希望某項金融商品能夠安安穩穩，不要跌得血本無歸，那麼就算它會漲，也只是小小地漲。

　　身邊有不少朋友，明明剛開始拋出「我要買保守型」金融商品的要求，但後來看見冒險型大賺一筆時，卻反悔當初的決定，失望自己應該野心大一點，才能真正賺到錢。

　　通常投資過程越崎嶇不平，收益就會越多。投資想要獲得高收益，盡量把風險壓到最低，有三大準則可以參考：

第一大準則：盡量買在相對低點。

買在相對低點，換句話說就是要在價錢好的時候，才出手購買，有時候這筆投資是否能夠獲利，常常取決於購買的時機跟價錢，而非賣掉時的時機跟價錢，挑對進場時間，往往就已經決定這筆投資是否能成功獲利。

第二大準則：如果看好該公司，長期持有才是上上之策。

投資的概念，應該是我們先對某間公司有初步了解跟認識後，覺得該公司領導人夠聰明睿智，或該公司產品應該可以熱賣長銷，才把錢丟入該公司，這才叫做投資。

朋友國雲是個看不懂財經報表、對國際情勢興致缺缺、也懶得了解各公司經營狀況的人，他買賣股票的方式就是每天盯盤，結果時常以賠錢收場，直到幾年前賠光家產後才大徹大悟，開始經營小本生意。

投資理財這件事，有時候可以當成一種興趣來培養，如果對財經報表、國際情勢不感興趣，把錢投入這個市場相對來說是比較危險的。

第三大準則：該公司若始終保持良好績效，就不要輕易賣掉。

一間公司如果已經持續多年表現不錯，可能代表它還會繼續不錯下去，除非公司換了領導人或是改變經營策略。

理財懶人包

1. 思考邏輯謬誤：如果我們期待某項金融商品能夠狠狠地漲，通常它也很有可能會狠狠地跌；相同的道理，如果我們希望某項金融商品能夠安安穩穩，不要跌得血本無歸，那麼就算它會漲，也只是小小地漲。

2. 投資想要獲得高收益，盡量把風險壓到最低，有三大準則可以參考：第一大準則：盡量買在相對低點。第二大準則：如果看好該公司，長期持有才是上上之策。第三大準則：該公司若始終保持良好績效，就不要輕易賣掉。

3. 投資過程越崎嶇不平，收益往往就越多。

3-6 ▶▶▶

資產怎麼「分配」
最聰明？

　　朋友Iris是個平凡上班族，但她理財投資的方式絕對不平凡。Iris大學畢業開始工作後，就一直積極做理財規劃，並把她對金錢使用的概念，真正落實到生活之中。

　　剛開始出社會工作沒多久，Iris就決定除了生活用度以外，一定要拿出一小筆錢做投資，只是這筆投資金額應該要多少？讓她猶豫了很久。

　　Iris的考量點：希望這筆錢能盡量每月固定，而且就算最後通通賠光也不會心疼的錢，感覺有點像拿錢買彩卷，就算沒中也不會太心疼。

　　既然前提是「拿出就算最後通通賠光也不會心疼的錢」，Iris剛開始就把目光鎖定在能夠「積極地賺」的基金上頭，挑選波動較大，收益也可能衝高的基金購買。

Iris做出這項決策的背後想法：既然是賠光也不會心疼的錢，那就跟它豪賭一場吧，否則自己初期投資金額其實很少，恐怕短時間內也很難產生大效應，不如先做好功課，挑選自己看好的基金，然後持續投資。

至於每月投資金額應該要多少？經過幾次試驗後，Iris發展出屬於自己的一套投資公式：

月收入－月支出＝閒置資金
1/2閒置資金＝可運用的投資資金
另外1/2閒置資金，Iris定義為保命資金，主要拿去做定存。

Iris始終保持「這檔基金收益超過20％就賣掉」的原則，不斷買賣基金，工作10年後，終於滾出第一筆創業基金，實現Iris想要開一間冰淇淋店的創業夢想。

現在Iris理財投資的比例，存款：股票：房地產＝3：2：5。除了冰淇淋店店面的投資以外，Iris也同時積極物色合適的住所，另外把定存資金比例調高一點，是為了準備好一筆資金，等市場出現危機時，可以作為危機入市的重要資金。

理財懶人包

1. 前提是「拿出就算最後通通賠光也不會心疼的錢」，Iris開始把目光鎖定在能夠「積極地賺」的基金上頭，挑選波動較大，收益也可能衝高的基金購買。

2. 至於每月投資金額應該要多少？經過幾次試驗後，Iris發展出屬於自己的一套投資公式：

月收入－月支出＝閒置資金

1/2閒置資金＝可運用的投資資金。

1/2閒置資金＝定存用的保命資金。

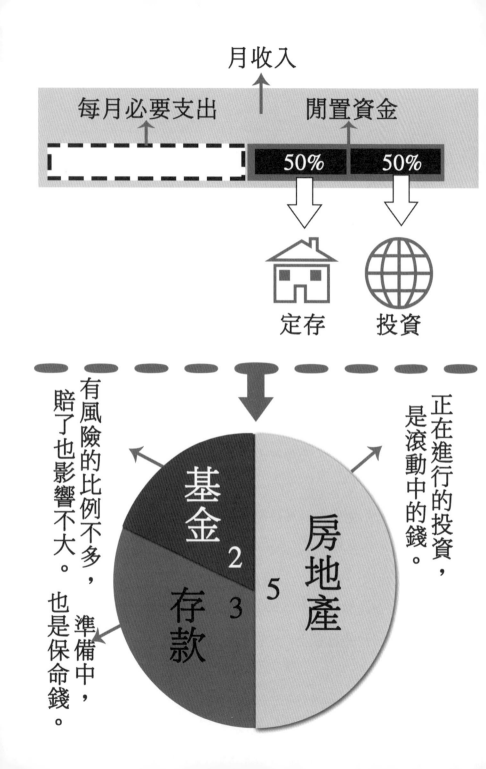

月收入

每月必要支出　　　　閒置資金

50%　　50%

定存　　投資

房地產

正在進行的投資，是滾動中的錢。

基金 2

有風險的比例不多，賠了也影響不大。

存款 3

準備中，也是保命錢。

5

3-7 ▶▶▶
要學會「放棄不擅長」的 投資領域

　　Iris大學畢業後，先工作10年左右，一邊存錢，同時一邊積極投資基金，等萬事俱足後，便開啟了創業之路。

　　剛開始開店經營並不順利，Iris花了大約幾年時間才讓冰淇淋店上軌道，後來生意越做越好，她開始把錢拿來買店面跟房子，另外也積極投入股票市場，只是幾年下來，投入股票市場的錢越來越多，但似乎永遠只是損益剛好打平而已。

　　Iris回頭審視自己在股票市場內的投資狀況，發現無法從中挑出缺點，但她不想輕易放棄這一塊領域，全部砍掉重練，不僅開始報名上課，自己也常買書回家自修，豪情萬丈打算捲土重來。

儘管在冰淇淋店、房貸之間忙得焦頭爛額，Iris每天仍不忘關注股市動向，就這樣持續了整整2年，當她回過頭去統計時，發現自己經過這2年的勵精圖治，非但沒有在股市中賺到錢，反而還賠了錢。

　　在心灰意冷之際，Iris決定拋開股票市場，重回自己老朋友——基金的懷抱，重操舊業，把資金分配改為存款：雙金（基金跟黃金）：房地產＝3：2：5。經過2年苦心經營，Iris的投資才又開始賺錢。

　　這整個過程中，Iris學會理財投資市場中最重要一課：**要學會放棄自己不擅長的投資領域，絕對不要強求**；就像美國地產大亨川普，傾注全部熱情在房地產業，而非股票。

　　在繳出大筆學費後，Iris深刻體認到，自己並不需要懂得每個投資領域，只要在某一領域裡夠專精，同時也要有足夠的熱情跟天分，就可以賺到錢。畢竟在投資市場裡，**最終的決勝點是誰能賺到錢，而不是弄懂每一項金融商品**。

　　現在Iris很少進出股票市場，幾乎完全不碰，把更多心力放在擴展店面、再購買黃金店面，以及自己熟悉的基金市場。沒有必要和自己不對盤的金融商品打交道，有時候學會放棄某個領域，反而可以幫助自己賺更多，更有時間和精力好好經營擅長的領域。

3-8 ▶▶▶
「跌快升慢」，不是
「個人錯覺」

投資時，常有人覺得市場上似乎有「跌快升慢」的現象，每次市場一喊跌，就會30%、50%、60%狠狠一路往下跌，等要回漲時，又只是5%、10%、20%慢條斯理往上漲。

這種感覺引發的後續影響，帶給人跌多漲少的恐怖感，總覺得錢一旦滾進投資市場裡，好像就會越滾越薄。

其實跌快升慢並不是錯覺，而是真實感受。舉個例子來討論：假設有一樣東西，今天價值10元，當10元要貶值成5元時，只要下降50%，就能從10元位置一路暢行無阻滑到50元。

相反的，如果今天有一樣東西價值5元，要從5元一路爬向10元，它要爬的路程不是50%，而是100%！

10元要變成5元，只需要以10為中心點，往下走一半的路，就會到達5元；但如果今天5元要翻身成為10元，以5元為中心點，它必須走2倍的路才會變成10元。以上就是為什麼總覺得「跌多漲少」的原因。

知識本身只是知識，只有當懂得如何運用的人出現時，知識才能變得有力量。

投資時，不僅要懂得投資領域裡的規則，還有一點也很重要：要做「有效投資」。必須時常問自己，在股票市場中是否有賺到錢？投資的基金收益是否有達到理想數字？自己有多久沒有重新審視資金的分配運用？

時代正在以驚人的速度不斷發生改變，以前必須花20年以上才能蒐集到的太空資料，現在只需要短短幾天時間就可以辦到，往後更可能只需要短短幾小時時間，就能處理完以前需要耗費30年以上的資訊。

世界運轉的速度越來越快，與世界緊密相連的金融市場，轉速勢必也會越來越快，當全世界越跑越快時，今天生意興榮的大公司，很可能轉眼間就成為昨日黃花。

想要一直在投資市場保持領先地位，就必須時時觀察國際脈動與情勢，並且固定時間調整自己的投資部位，讓手邊投資永遠處於最佳的配置狀態。

3-9 ▶▶▶

穩穩地賺，保守型理財

　　善於空間整理的Cindy深知一個道理：「光顧著賺錢，沒空理財的人，不會成為真正的有錢人。」

　　Cindy從開始接觸理財後，才驚覺自己以前有多麼疏忽這一塊，對她而言，這就像只會拼命從外頭把東西搬回家，卻始終不曾好好整理家裡，任憑原本有用的東西變壞、從有用變成無用一樣。

　　整理自己的「錢財」，其實跟整理自己的「時間」很像。

　　我們常常覺得時間不夠用，但只要規劃得宜，會驚訝地發現其實還有許多時間可以利用，就算工作、生活再忙，還是有辦法擠出時間運動、享受一頓大餐，甚至是來一趟滋潤身心靈的充電旅行。

Cindy從大學時代開始便自食其力，打工支付自己生活費跟租屋費，大學畢業後也是，有鑑於房租占掉太多薪水這點，她一直想要買房，堵住每月花掉泰半薪水的支出出口。

在購買房子前，Cindy必須先靠自己的力量「存到」人生第一桶金，成為買房的頭期款，才有辦法往人生下一階段邁進。

以下是Cindy給自己的「財務規劃」：
儲蓄：40％
保險：5％
國債：35％
黃金：10％
股票：10％

Cindy幾乎把快一半的錢，放在風險非常低的地方，利用儲蓄定存的方式，在存錢過程中，多少賺點利息錢。另外，她還遵守一個原則：先規劃出低風險、中風險、高風險三種投資商品，再以不同比例，將資金分散到各項投資中。

例如：高風險的股票市場，投入資金比例約為10％，風險較低的國債，則投入總資金的35％。

　　在Cindy嚴守這份「財務規劃」時，身邊有不少同事是標準的月光族，有時候Cindy會想，當個及時行樂的人也沒什麼不好，只是不符合她的個人風格，她想要理財投資，是想好好利用手邊的100萬，希望能變成未來的1000萬。

　　Cindy不想要永遠只是活在希望與期盼裡，她想要讓此刻腦中的未來藍圖，成為自己將來的真實生活。

理財懶人包

1. 光顧著賺錢，沒空理財的人，不會成為真正的有錢人。

2. 整理自己的錢財，其實跟整理自己的時間很像。

3. 先規劃出低風險、中風險、高風險三種投資商品，再以不同比例，將資金分散到各項投資中。通常風險越高，資金挹注比例就會越低。

4. Cindy不想要永遠只是活在希望與期盼裡，她想要讓此刻腦中的未來藍圖，成為自己將來的真實生活！

3-10 ▶▶▶

高手不說的5個投資秘密

　　資產要如何配置，才能達到「最優化」？在我們開始聊這個話題前，先跟大家分享一個輕鬆的小笑話，笑話裡囊括了不管是有錢人還是沒錢人，同樣都有錢這個大煩惱。

　　有錢人的煩惱：人死了，錢沒花完怎麼辦？沒錢人的煩惱：錢沒了，人還沒死怎麼辦？

　　我們都想盡量把每一分錢，變成可以幫忙賺錢的有效子彈，讓錢去追錢，才有可能實現「經濟自由」的理想。

　　但這些錢要怎麼用，是存起來比較保險，還是拿去投資市場翻滾比較有利？如果要投資，應該掌握哪些基本原則對自己比較有利？

　　在這裡，跟大家分享Lauretta投資訣竅：

訣竅一：一定要養成「固定時間」注意全球各地「GDP
指數」的好習慣。

不想要人云亦云，以各種「線」消息來決定該如何投
資，為了培養出屬於自己的一套投資邏輯，Lauretta花了2
年時間閱讀全球各地各種財經指數，並挑出必須關注第一名
的「GDP指數」。

在本書中，也利用一些篇幅聊了目前世界「GDP指
數」排名，並且延伸探討國家GDP指數與個人GDP指數，
在世界排名不相等的狀況，這些訊息背後都有其代表的意
義，誰能剖析得越精闢，誰就能在投資市場中獲利越多。

訣竅二：當景氣開始溜滑梯時，觀察誰復甦的力道最
強。

Lauretta在景氣好時，忙著「經營公司」，景氣不好
時，則忙著「觀察市場」，尤其在景氣正要從谷底爬升起來
時，更會張大雙眼看看哪個國家、哪個地區、哪間公司回彈
力道最強。

接下來，她就會開始集中資金，大量投資這些擁有谷底
翻身能力的金融商品。

Lauretta常說，景氣時好時壞這是尋常的事，比景氣更
重要的是，誰有能力以最快速度再次站起來！那就是所謂的
實力。

訣竅三：培養自己持續關注全球各地「CPI指數」。

「CPI指數」就是跟我們相當貼近的物價指數，學會看懂「GDP指數」和「CPI指數」，將不用再盲目追漲跌，而是能透過國際趨勢，決定要不要投資哪個地區，或是購買哪個地區市場的金融商品。

訣竅四：不要把全部資金投進市場裡，至少留2~3成在身邊等著運用。

不要覺得把2～3成資金擺著無用很浪費，當市場上出現危機時，這2～3成的資金將會帶來十分可觀的收益。

訣竅五：比起炒短線，更應該耐住性子放長線釣大魚。

Lauretta剛開始進入投資市場的習慣，主要以短線操作為主，經過幾年的市場經驗後，現在Lauretta定期定額和單筆投資的分配比例為1：1，並且嚴格遵守「絕不在別人賺錢時買」這條規則。

理財懶人包

盡量把每一分錢，變成可以幫忙賺錢的有效子彈，讓錢去追錢，才有可能實現「經濟自由」的理想。

MEMO

2

3

4

5

6

Part 4

投資策略大公開

4-1 ▶▶▶

用「閒置資產」投資

很多年前，日劇「大和拜金女」相當受歡迎，主要故事內容描述一名美麗的空姐（松島菜菜子飾演），為了購買昂貴的衣服，住在破破爛爛的屋子裡，每天吃泡麵維生，把生活所有收入都花費在購買名牌衣服上，把自己打扮得亮眼美麗，一心渴望嫁個金龜婿。

對她來說，購買昂貴的名牌衣服，是一種投資，一種為了吸引有錢男人的投資。她所承擔的風險就是：一旦沒有順利釣到理想中的金龜婿，所有收入、每日忍受陳舊破屋、三餐只吃得起泡麵……這些努力與隱忍，將會化為泡影。

投資，有時候跟空姐砸大錢買華服，希望藉此賺大錢，或者獲得巨大收益有不少相似的地方。第一，他們都不知道砸重本、投入全部薪資收入、結婚基金、買房費用……購買某項昂貴的產品後，會不會得到預期中的報酬？

　　在片中，有個問題不斷反覆被提出來。為了釣金龜婿購買大量華服，導致生活品質低到令人驚愕的地步，到底值不值得？「大和拜金女」最後的結局是，美麗空姐選擇了數學家，而非夢寐以求的超級富豪。

　　對於投資，股神巴菲特曾給出相當中肯的建議：不懂的東西，不要碰！

　　空姐購買華服，是因為她相當清楚這套表面男女愛情、底下實為金錢互惠的結婚遊戲到底是怎麼運作的？所以敢砸大錢去執行這項投資。不過，當我們選擇該如何投資、要投資什麼時，我們看到美麗的華服以及它可能帶來的10％、20％、30％的收益，卻對中間運作過程一知半解。

　　在投資場合中，常常會看到有人正在等老師「報名牌」，就連已經撥出時間精力到某些場合上課的學生，面對一知半解的數據分析時，支持他們繼續乖乖坐在台底下聽課的最大動力，不是學到真才實學，而是等台上老師說漏嘴、不小報出名牌。

　　聽到疑似說漏嘴名牌，野心大的人，甚至還會千方百計借錢投資，有時候跟銀行借錢，有時候則是向親朋友好們集資。

借錢投資，永遠是投資的最大忌諱！想要投資獲利第一大前提，絕對不要「融資投資」。

　　朋友郁婷樂於投資，當一份辛苦工作而獲得的薪水流入戶頭裡，她會先把一筆固定的錢匯入「儲蓄帳戶」、領出當月生活所有支出費用、把錢匯到「旅遊基金戶頭」、「結婚基金」、「房屋頭起款戶頭」，最後剩下來的錢，郁婷稱之為閒置金額，這才是她投資的金源來源。

　　另外，還有非常重要的一點，當我們用閒錢投資時，在等待回漲的過程中，比較能夠耐得住，而這點耐得住，往往能成為大賺一筆的強力後盾；如果融資投資，先別說能賺多少，光是貸款利息恐怕就讓人火燒頭。

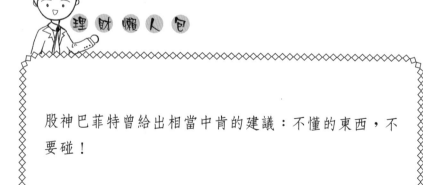

理財懶人包

　　股神巴菲特曾給出相當中肯的建議：不懂的東西，不要碰！

4-2 ▶▶▶

不過度投入金錢與心力

建立正確的投資心態，能保護投資人避免踩進「一失足成千古恨」的痛苦深淵裡！「剛開始進入股市就獲利，絕對不是好事。」這句話，相信大家應該都不陌生。剛開始會對這句話抱有存疑的人，經過長時間觀察下來，才會慢慢發現這句話有多誠懇，還有它背後的血和淚有多可歌可泣。

Wythe家境富裕，從大學時代就開始有錢買賣股票，尤其當其他同學都在享受社團活動、在各種社團之間走跳認識新朋友時，Wythe常笑說自己好像老頭兒，整天盯著銀幕上的紅紅綠綠。

為什麼Wythe會在大學時代對股票如此著迷？畢竟這實在有點不太正常，大學時代裡頭的男同學，不是應該忙著追女孩、從事一些高中以前被禁止的解禁活動、經營社團、注重課業。

以上順序，依照多數人內心排行榜陳列，課業一項最常待著的老位置，就是敬陪末座這塊地。

原來，Wythe在此之前，曾經獲得一次投資股票獲利30％以上的經驗，從此對此著迷不已。不過，Wythe著迷的方式最後連他父親都看不下去，直接切斷金錢來源，讓他乖乖回歸到學生本質。

Wythe父親並不是反對兒子接觸股票，而是Wythe玩股票的方式，令他父親無法接受。

首先，Wythe每天盯盤，感覺就像患有強迫症，每分每秒緊盯著螢幕看盤的模樣，彷彿他確信只要自己看得夠用力，所有他購買的股票都會像美麗楓葉般一片片由綠轉紅，一切就跟大自然法則一樣，只是時間遲早的問題。

不過，Wythe忽略一個大問題，就算是楓樹，也有不轉紅就直接掉落的葉子，在股市中，這就叫做「股票變壁紙」。

那些不轉紅就直接掉落的葉子，在股市裡發生的情況，比在楓葉樹上發生的頻率還多。在我們投身進入股票市場之前，有多少人認真調查過，每年到底有多少企業無疾而終，直接從世界上消失無蹤？

　　以下有個數據，跟大家分享：美國500大企業，十三年後將會消失30％。

　　以上這項訊息的意思是，如果我們手中買了美國前500大企業的股票，聽起來似乎能穩穩地賺，但十三年後，有將近三分之一的機會，我們手中用錢買來的股票，可能會變成一堆廢紙，甚至連當壁紙都不夠格。

　　Wythe被勒令不准碰股票後兩年，手中約有30萬股票一夕之間變壁紙，Wythe那陣子心情重重摔落谷底，朋友們為了提升他的心情，鬧著要他把股票拿來當壁紙使用，貼上牆，Wythe搖搖頭拒絕，說了句，每天面對「有中變無」的失敗，那場面實在太令人感傷了。

　　不過，不管怎麼說，Wythe還是很慶幸父親的英明睿智，以強勢手段逼迫他盡早離開猛盯盤的生活習慣，否則他身邊將不會有這群朋友、也不會參加社團、更不會和現在的老婆結婚生子、也沒時間享受與親朋好友相聚的時光。

　　最慶幸的是，Wythe從紅紅綠綠的數字中撥離後，開創了目前已累積到5間分店的餐廳，享受到創業成功的勝利滋味。

4-3

▶▶▶

美國500大企業，
十三年後將會消失30%

上篇文章中提到：「美國500大企業，十三年後將會消失30％」；以上這項訊息的意思是，假設我們買了美國前500大企業的股票，十三年後，預計將近有三分之一的機會，手中用錢買來的股票，可能會變成一堆廢紙。

以上這條資訊的關鍵字，在於美國（全球目前第一經濟大國）、500大企業（不是所有公司的平均值，而是只看優秀的500大企業）、十三年後（時間沒長到在我們有生之年可能遇不到）、消失30％（聽起來就像買了美國500大企業的股票，大約有三分之一的機會，由錢變紙）。

很多人購買股票之前，會開始研究股市上上下下的曲線，努力鑽研這裡頭的玄機，拼命使自己相信，這裡頭每一段曲線都是有意義的，就像春夏秋冬，四季運行與萬物循環的設計，都是有意義的。

可惜，股市究竟不是大自然，至少股神巴菲特似乎就不是這樣研究股市。

股神巴菲特會去看一間公司的資質、公司老闆的能力、該公司財務報表上是否有令人滿意的表現，甚至他最為人津津樂道的一件事，就是在巴菲特購買可口可樂股票前，先跑去買了一瓶來喝，覺得不錯，於是不管外在環境那些風雨中飄搖著的流言，大量購買可口可樂股票，並且長期抱有該支股票，終於在堅持多年之後大賺一筆。

在投資股票領域中，屬於一級警戒的危險動作是，一旦風中吹起哪支股票即將大漲、黃金會衝破2萬多點，不管那些話聽起來有多麼誇張，就是有人會選擇相信，有人會選擇一笑置之，最後能笑到最後的人，往往是懂得「逆向操作」、「不隨機起舞」的人。

在投資領域裡，又分成兩大派流，一派是投資，另一派是投機，這兩者之間到底哪裡不同？如果我們以為自己是A派，後來才發現一切並非自己想像，又會對投資行為帶來哪些衝擊跟危險呢？

我們稍後來談談這個部分。

4-4 ▶▶▶
投資、投機？
總要先分清楚

許多人會問，投資跟投機到底哪裡不同？有些人會回答，沒有不同。

這是一個非常偷懶，而且連孩子們都可能丟出來的一句話，重點不在投資跟投機有多一樣，而是我們應該努力分清楚投資跟投機到底哪裡不一樣，這才是這個問題真正有價值的部分。

只有當我們越清楚自己正在做什麼，才有可能離成功、獲利越近。現在，我們將一起來看看，投資跟投機到底哪裡不一樣？

那些回答投資跟投機一樣的人，往往可以分成兩大類人；第一類，對投資不了解，也不想花精神了解的人。第二類，一直用投機方式在投資的人。

Carrie喜歡問人：「請問你決定投資某支股票時，會先了解分析該公司財經報表嗎？如果可能，你是否有使用過該公司出產的產品？如果沒有，請問你覺得該公司產品能大賣特賣，而且期待它多年不墜的依據是什麼？」

通常只要Carrie聽到對方根本看不懂財經報表，就會在心裡偷偷把寫著對方名字的便利貼，黏到「投機」那欄底下。

很多人會問，為什麼我總是在買高賣低，有沒有辦法扭轉乾坤？通常會這樣問的人，想要來個絕地大翻身、徹底扭轉乾坤的機會很渺茫，因為買高賣低是一般狀況。

如果走跟大家一樣的路，就會回到「買高賣低」老路子上，除非關掉那些外在聲音，建立一套自己的投資邏輯（巴菲特一直不肯鬆口告訴眾人的秘密），然後貫徹到底。

大家都知道，巴菲特投資有他自己一套邏輯，很巧的是，他的對手也有一套屬於自己的邏輯，最弔詭的是，兩人的投資邏輯攤在陽光下來看，根本就是兩套背道而馳的理念。

最最值得敲鑼打鼓的部分來了，這兩個人在股票投資市場裡，一樣都能把荷包裝滿滿。

這項事實可能告訴我們，想在股票裡獲利的方法絕對不只有一個，就算是想法完全不同的兩套策略，也都可以幫自己賺到可觀的收益。

不過，最重要的是，我們不應該把人類慣有的「從眾行為」，也搬到投資領域來，否則要付出的代價將會相當可觀，這也是股票市場中有90％的人，無法真正賺到錢的主要原因。

理財懶人包

· 只有當我們越清楚自己正在做什麼，才有可能離成功、獲利越近。

· 請問你決定投資某支股票時，會先了解分析該公司財經報表嗎？如果可能，你是否有使用過該公司出產的產品？如果沒有，請問你覺得該公司產品能大賣特賣，而且期待它多年不墜的依據是什麼？

· 想在股票裡獲利的方法絕對不只有一個，即便是跟前人想法完全不同的投資策略，也可能幫自己賺到可觀收益，重點是不能跟風。

4-5 ▶▶▶
最佳進場時機
＝最低點？

　　許多對投資有興趣的人，應該都問過一個問題，何時才是進場的最佳時機？這個問題背後，通常伴隨一個預設立場：想要在最低點時進場、最高點時脫手，為了確保獲得最大收益，一定非得把這最低點揪出來不可！

　　如果抱持這樣的想法踏入投資領域，很可能在賺到錢之前，就先給自己找了個大麻煩，因為這個想法可能帶來的結果是⋯⋯

　　一直在等所謂的最低點，當股票或外幣一路下滑，滑到新低點。

　　擁抱這個想法的人，可能還會想「說不定還會更低，應該再等等」。結果這一等，往往只等來開始回升，以及自己更不甘願進入投資市場。

相同道理，當漲到一定程度時，會開始思考是否要賣掉手中的股票或幣別，這時候心魔又會跳出來，不斷嘮叨著「說不定還會更高，應該再等等」。

結果這一等，往往只等來開始下降，以及自己更不願意脫手也許已經收益超過30％的金融商品，因為這時候的心態會轉變為「上次收益比現在還多，我都沒賣，現在又多了時間成本，收益還比先前差，我當然更不可能輕易賣掉」。

我們都想要在最低點時進場、最高點時脫手，好好賺它一筆，但投資領域裡的高高低低，往往很難被預測，**如果過度執著在最高點與最低點，得到的結果通常不是更接近目標，而是一次次與機會擦身而過。**

最好的投資進場點是什麼時候？

當該項投資商品已經高居不下好一段時間，近期開始慢慢下跌，雖然跌幅還不到滿意水準，但還是可以出手進場，分批買進。

在做出這個決定前，請記得一定要先判斷一件事：不管這次會跌得多深，或者只是慣性上下跳動一下，之後它回漲的幅度如果大，就可以出手；如果很小或可能再也升不回來，按兵不動才是上上之策。

4-6 ▶▶▶▶
利率、匯率到底哪個更關鍵？

　　有時候盡信專業人士的建議，不如自己判斷，像朋友Edmund多年前因為聽了理專建議，購買定存利率有3％的南非幣。

　　購買南非幣時，Edmund的想法是先賺利息錢再說，反正就算南非幣再怎麼跌，能跌到多深？況且南非還是金磚五國中的其中之一呢！

　　正是因為抱持著這種「先賺利率，就算匯率會跌，應該也不會太慘」的心態，現在Edmund只要看到南非幣，一顆心就會隱隱作痛。

　　還原Edmund心痛歷程如下：2011年，Edmund決定購買南非幣時，大約是4.3元台幣，豪爽地丟出43萬台幣購買，開心地計算著經過一年後，就算南非幣一點也沒有漲，估計也有上萬塊的利息錢。

買下南非幣後，Edmund覺得自己做了很棒的決定，不過，事與願違的事情不斷發生，而且連續發生了整整3年。第一年Edmund完全沒有賺到利息錢的喜悅，因為匯率下跌的幅度頗深，完全吃掉利率的收益。

Edmund不死心，繼續把南非幣丟著不管，經過漫漫3年左右時間，這筆當年的43萬塊錢，如今已經變成薄薄不到30萬。當Edmund終於認賠殺出，拿回的錢不要說賺，甚至還短少了10萬左右。

不要一昧相信專員，也無需銀行一推出什麼金融商品便搶著購買，在把錢投出去之前，應該先對市場有最基本的瞭解，尤其是外幣市場中，有利率跟匯率兩個面向需要看顧，像Edmund這樣的例子真的很慘烈，當他眼睛盯著高利率時，沒想到匯率大洞讓他的43萬元大大縮水。

後來Edmund打算買賣外幣時，會先看匯率走向，而不是利率高低；當匯率走跌時，不管利率再高，都不太可能獲利，相反的，如果匯率看漲，利率低一點是可以接受的，就像是額外的點心。

但如果眼睛只盯著利率，不去思考匯率可能帶來的風險，將會讓這場外幣投資變得危機重重。

什麼！
10年後才能漲回來

在2008年金融海嘯之後，Heather計畫到澳洲旅行，那時候她還只是一個大學剛畢業沒多久的學生，滿腦子只想著要給自己什麼樣的畢業禮物，只是她沒想到，老天爺其實另有打算。

為了這趟澳洲自助畢業旅行，Heather做了許多功課，出發前，她決定換個5萬塊台幣的澳幣，到當地旅行時可以花用。當她踏進銀行，辦妥所有手續後，恰巧聽到以往澳幣都是在台幣28元左右，因為這波金融海嘯，跌到只剩下台幣23元。

Heather覺得自己真的賺到了，能以相對便宜的澳幣去遊玩，簡直就像上天送她的畢業禮物。根據Heather事後描述，因為當時必須買外幣，再加上她又因為某些因素，需要當場開台幣跟外幣兩個戶頭，便在銀行裡遊蕩了好幾個小

時，而這幾個小時讓她半年內賺到人生第一筆收益30％的投資！

Heather到底如何在銀行裡遊蕩好幾個小時後，為半年後的自己賺到這筆錢？她當天在銀行裡到底做了哪些事？

話說，當天Heather在開完台幣跟外幣戶頭後，偶然間問了行員有關澳幣的相關事項，後來又自己到行內的電腦操作，大略了解澳幣以前的行情，接著再對比到當下，Heather突然神來一筆，發現23和28這兩個數字。

Heather雖然沒有任何財經背景，但嗅覺相當敏銳，當下拿出所有存款，全部換成澳幣，非常巧合的，她這輩子拿出的第一筆資金就是23萬。後來因為家庭因素，Heather取消澳洲自助畢業旅行的行程，這23萬台幣的澳幣自然也沒機會花掉。

再出手購買前，Heather問了當時身邊一直有在投資的朋友：「澳幣現在跌到23，到底什麼時候可以漲回到28？」朋友想了一下，回答她：「大概10年後吧，現在經濟這麼慘，應該不會太快。」

聽到這些話時，Heather心想，10年就10年吧，只要能漲回來就好，反正這筆錢拿出國去玩，說不定會花光光。

工作半年後，Heather想要自行創業，當她把身邊所有資金統合後，才發現被自己遺忘整整半年之久的澳幣，如今已經高高漲回原本應有的幣值，當初丟進去的23萬搖身一變，變成Heather人生第一筆收益30％的投資！

　　事後Heather常說，她送自己的畢業自助旅行不是澳洲之行，而是從此掀開投資篇章的外幣之旅。

- 想要投資獲利，最佳不二法門是擁有一套屬於自己的思考邏輯。

- 永遠要相信自己的判斷能力。

- 盡量勿聽信明牌或內線消息，應該多自己觀察市場結構與國際趨勢。

- 如果可以，每天閱讀財經類相關訊息，對自己的投資功力將有很大的助益。

4-8

▶▶▶

高、低風險怎麼選？

Alston在擁抱人生第一桶金時，決定正式進入投資領域，當時他找來從美國華爾街回國的理專協助，以「至少要保本」為前提，請對方幫忙規劃理財。

5年後，Alston某天突然想起當初存下的第一桶金，轉頭詢問理專狀況如何？

這時他腦中畫出美好的圖像，心想，就算存在定存不到2%的銀行，也可以拿回幾萬塊利息錢，自己請理專協助投資理財，獲利想必一定更可觀，或多或少也應該有個20、30萬，如果獲利超過50萬，他一定要請理專好好大吃一頓，順便把身邊的200萬一併交給他處理！

結果，等兩人正式碰面時，理專居然給他原封不動的100萬，也就是這漫長的5年以來，這100萬其實一點進展也沒有。

Alston一顆等待獲利滋潤的心，頓時天崩地裂，原本腦子裡的20、30萬、50萬、想要好好答謝的大餐，被失望的重砲猛轟，不到5秒鐘時間，他的心已經呈現出一片焦土的慘況。

　　經過一番溝通後，Alston才發現自己被當初那句「至少要保本」害死了。這句話聽在理專耳裡，自動轉化為「保證收益」。假如「保證收益」是個大家族，它背後又帶出「低風險」的身家背景，而低風險身後還有個「低收益」老祖宗。

　　在投資市場裡，有些規則就是這樣一成不變存在著：高風險，高收益；低風險，低收益。這是萬古不變的市場規則。

　　Alston所謂的「至少要保本」，在他聽起來這是投資基本要素，但聽在理專耳裡，就會自動轉變成他完全不想承擔任何風險，依照上述「高風險，高收益；低風險，低收益」投資法則，「零風險，零收益」是必然的結果。

　　Alston抱著一顆龜裂的乾涸心靈和原封不動的100萬，回到家裡，忍住想拿豆腐撞頭的衝動，命令自己不要再去想：如果他安分點，把錢丟入真正零風險的銀行定存，現在好歹也能生出個幾萬塊。

在投資領域裡，「沒有賺到錢」就等於「賠了錢」，因為如果Alston老實點，把錢乖乖存在銀行裡，完全不用冒險也無須專業人士幫忙，遲早都會拿到幾萬塊錢利息，這才是真正零風險的理財方式。

後來，Alston常感嘆，自己的100萬在那5年期間，整整賠了快10萬塊；不過，正因如此，Alston痛定思痛，積極接觸閱讀理財相關書籍，終於將手邊300萬做出更加妥善的理財規劃。（詳細情況，請見下篇「做好高枕無憂的資產分配」。）

理財懶人包

· 依照上述「高風險，高收益；低風險，低收益」投資法則，「零風險，零收益」是必然的結果。

· 在投資領域裡，「沒有賺到錢」就等於「賠了錢」，因為只要把錢存在銀行裡，完全不用冒險也無須專業人士幫忙，遲早都會拿到幾萬塊錢利息，這才是真正零風險的理財方式。

4-9 ▶▶▶

做好高枕無憂的「資產分配」

　　有了上次血和淚的經驗，Alston自行看書練功，半年後，他終於規劃出滿意的資產分配。有了上次的教訓，這半年來，他把錢先拿去定存，在他自練武功的這半年以來，至少還有一筆來自利息的「資產收入」。

　　半年後，Alston將手中辛苦賺來的300萬，做了以下規劃。首先，他先將這300萬切割成三分，分成3個100萬來分配處理。第一個100萬是他的保命錢，在賺錢之前，既有的生活後盾必須先保存好，於是第一筆100萬，他拿去做定存。

　　但Alston絕不會把所有錢通通拿去做定存，因為通貨膨脹的速度很快，存在銀行裡的錢雖有一定％數的利息，但這個％往往低於通貨膨脹。例如：當利息1.5％時，如果通貨膨脹有3％，我們存在銀行裡的錢就會折損1.5％，這就是所

謂的「錢越存越薄」，這也是為什麼有錢人要「買房保值」的原因之一。

在市場上來說，房子也是物品，當雞蛋、傢俱、生活用品上漲3％，房子也會跟著漲，這樣一來，就能避開因為「存在銀行裡」而折損1.5％的錢，這也就是鼎鼎大名的「買房抗通膨」原理。

第二個100萬，Alston決定再分成三份，分別投入黃金、股票、基金三種投資市場，積極追求高收益的投資標的，並嚴格要求自己每月都要回頭觀察市場變化狀況，以利自己及時調整部位，讓投資更有效，更能幫自己賺到錢。

第三個100萬最重要。不管我們想要投資金融商品，還是自行創業，永遠都不要忘記「投資自己」！

投資自己，就是不斷學習、不斷進步、不斷增進原有領域的知識，同時也要把觸角伸向有興趣、但尚未真正接觸過的領域。

投資自己不一定非得花大錢不可，如果身處在國貿產業，可以選擇讓自己的英文更進一步。學習英文不一定要花大錢，重點在於有沒有心，而且學習英文最關鍵的部分在於自己是否願意學習，是否有確實背下越來越多的英文單字。

Alston的選擇是回到學校，再修企管方面的課程，原本只是單純想回校再充電，沒想到遇到不少志同道合的事業夥伴，累積不少「有效人脈」，不僅可以一起念書，更在結束學業後，對他的事業產生關鍵性的幫助。

理財懶人包

- 第一個100萬是他的保命錢，在賺錢之前，既有的生活後盾必須先保存好，於是第一筆100萬拿去做定存。。

- 房子也是物品，當雞蛋、傢俱、生活用品上漲3%，房子也會跟著漲，這樣一來，就能避開因為「存在銀行裡」而折損1.5%的錢，這也就是鼎鼎大名的「買房抗通膨」原理。

- 第二個100萬，Alston決定再分成三份，分別投入黃金、股票、基金三種投資市場，積極追求高收益的投資標的。

- 第三個100萬最重要。不管我們想要投資金融商品，還是自行創業，永遠都不要忘記「投資自己」！

做好高枕無憂的資產分配

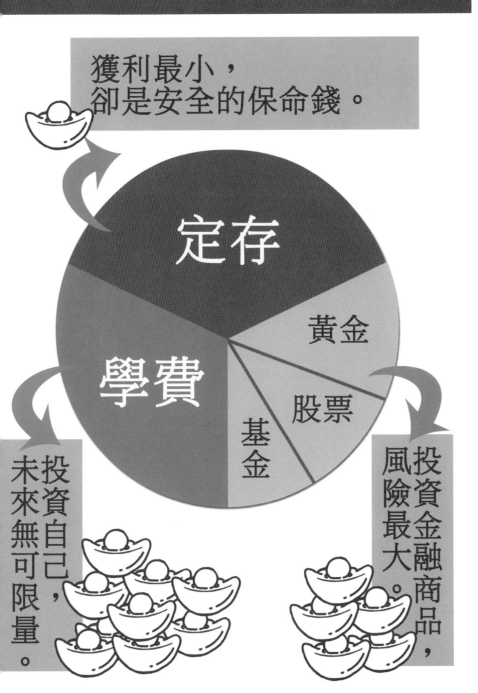

獲利最小，
卻是安全的保命錢。

定存

黃金

股票

學費

基金

投資自己，
未來無可限量。

投資金融商品，
風險最大。

4-10 ▶▶▶
準備
幾個月生活費才夠？

　　只要面臨到跟錢有關的問題，不管是在職場工作或是理財投資領域，幾乎都會談到一個問題：保命金要預留多少才夠？

　　有的人會建議至少要存下3個月薪水才行，有人則建議存下6個月薪水比較保險，也有人說不是要存下幾個月薪水，而是存下3個月生活費，或者6個月生活費。

　　其實這個問題，沒有人可以代替我們自己回答，因為真正清楚本身狀況的人，除了我們以外，沒有別人。例如：有人說為了預防突然失業，應該儲蓄3個月薪水才行，但也有人主張最少要存半年以上。

　　要存幾個月，並不是這個問題的重點。重點是，我們覺得自己多久可以找到下一份工作？如果這個問題的答案是5個月，那麼我們就該存下5個月以上的生活費，而非薪水。

　　不以「一個月薪水」作為儲蓄單位，而以「生活費」作為儲蓄單位，是因為我們那時候需要的是生活費，而不是薪水。薪水數字對失業後的生活沒有意義，只有「生活費」這個數字才有意義。

　　相同的道理，其實可以套用到買房貸款上頭。買房的時候，很多人習慣性會先問：「頭期款要準備多少？」接著才問：「每月平均下來的房貸要付多少？」其實我們應該倒著問，才會對我們的生活幫助更大。

　　首先，我們必須先自問：「自己每月有多少錢能拿去支付房貸？」接著，再回頭決定要準備多少頭期款。

　　舉例來說，假設有兩個人，他們每月薪水一樣是4萬元，同樣要購買1,000萬房子，A依照銀行可以貸款七成的規定，拿出300萬頭期款，另外700萬分成每月攤還房貸，算下來A每月大約要付3萬5左右的房貸，買房後，生活即將變得相當吃緊，A很可能必須額外兼差，才能一邊過生活，一邊繳房貸。

　　B則反其道而行，預計自己每月頂多只能攤還3萬元左右房貸，另外1萬元是生活中必須費用。以每月付出3萬元左右房貸回推，大約只能貸款600萬，也就是說B必須準備400萬頭期款，才能在買房後，依然維持現在的生活品質。

「錢」的問題，就是「自己」跟「生活開銷」之間的問題，該如何分配每月收入與支出這件事，往往牽一髮而動全身，甚至可以影響到購屋計劃、投資計劃，甚至是自我成長計劃。

理財懶人包

- 我們覺得自己多久可以找到下一份工作？如果這個問題的答案是5個月，那麼我們就該存下5個月以上的生活費，而非薪水。

- 不以「一個月薪水」作為儲蓄單位，而以「生活費」作為儲蓄單位，是因為我們那時候需要的是生活費，而不是薪水。

- 我們必須先自問：「自己每月有多少錢能拿去支付房貸？」接著，再回頭決定要準備多少頭期款。

- 「錢」的問題，就是「自己」跟「生活開銷」之間的問題。

4-11 ▶▶▶
國際情勢日新月異，
不要太拘泥於過去

投資時，常有人會拿過去的世界趨勢，來判斷目前當下的市場，這其實是一件非常危險的事。

因為世代永遠在變，經濟消長也在興起劇烈的變化；像以前歐元曾經漲到比英鎊還高，但現在還會有人在癡癡等待歐元又比英鎊高的那一天嗎？

在以前的市場中，中國不管是國家GDP還是發展程度，都還不到端上桌面的程度，但近幾年來突飛猛進，屢屢令國外學者跌破眼鏡，就連中國最令人擔憂的糧食問題，國外學者頻頻不看好，但中國就是有辦法輕鬆轉身，把糧食問題在舉手投足間解決掉。

國外學者很愛做預估動作，然後再驚奇地發現，中國進步的速度完全超出他們的預估，並為此嘖嘖稱奇不已。

在2013年之前，大家只是還在嘴上說使用人民幣的人似乎越來越多，但具體多到什麼程度，對全球是否已經起了關鍵性的影響？

專家學者們只是在引頸觀望，故意把話講得抽象一點，只說很有可能越來越重要。幾個長時間關注幣別的朋友，每次聽到這種論調，總會涼涼飄來一句：「這還用得著他說嗎？」

時間悄悄來到2013年，沒想到人民幣就在這一年，擠掉站在第2名很久的日幣，一舉成為世界第二大貨幣。

另外，大家都知道石油產量以沙烏地阿拉伯最多，俄國次之，接下來是美國跟伊朗，但有人知道石油產量排名第五的是中國嗎？最弔詭的是，雖然石油產量最大的是沙烏地阿拉伯，卻不是由它訂定石油價格，石油價格掌控在英美手中，而現在中國正野心勃勃，企圖把訂定石油價格的權力一手掌握。

時代一直在轉變，國際趨勢也會跟著掀起滔天巨浪，伴隨著全球經濟而變化的各種投資市場，勢必也會表現出相對應的反應，全世界各國之間的勢力消長，有些部分可能短時間震盪，但大部份改變只會一直往前進，不會再回到以前的狀態。

4-12 ▶▶▶

「投資不敗」四法寶

　　很多人在投資領域翻滾多年，付出巨額學費跟體驗痛徹心扉的血淋淋教訓後，總結出只要掌握「投資不敗四法寶」，就能在投資領域表現越來越亮眼！

　　「投資不敗法寶一」：知識。

　　知識就是力量。股神巴菲特曾說：「哪個國家能把理財教育做好，將來就能成為最有競爭力的國家。」

　　這裡所謂的知識，不單單包括對黃金、基金、債卷、股票市場……等等金融商品的了解，更重要的是否有分析財務報表的能力、有無挑出具有潛力股票的眼光、能否分析未來世界趨勢、是否掌握該公司領導人的人格特性、對於社會趨勢是否有預測眼光、能否預估將來經濟情勢。

唯有當手中資訊掌握越多，才能做出比一般人更精準的投資策略。

「投資不敗法寶二」：時間。

有些投資需要把時間拉長，才能獲得可觀利益。例如：股神巴菲特長抱可口可樂股票。另外，像是基金方面定期定額的投資方法，以每月固定投入3,000元或5,000元資金，投入大的基金公司，類似這類投資方式，至少需要持續投資3～5年，甚至是10年以上才能看出效果。

「投資不敗法寶三」：心態。

投資時，還得掌控自己的投資心態，在大跌、眾人紛紛走避時，不要停扣，不僅要持續購買，還要懂得危機入市；在大漲、眾人爭相購買時，應該要考慮停扣，尤其是一下子持漲太多時，更應該當機立斷獲利了結。

「投資不敗法寶四」：機會。

所謂的機會，就是「危機入市」四個字。這部份我們將在下篇文章中詳談。

4-13 ▶▶▶▶

「危機入市」最精明

在2008年金融海嘯來襲時，許多人都知道現在正是所謂的金融危機，最應該做的事，就是把錢投入投資市場裡，但天不從人願，許多資金卡在原本的投資裡動彈不得，根本無法脫手讓資金運轉起來。

於是只好眼睜睜看著別人去撿拾滿地的好康，自己只能空望興嘆，內心哀嘆當初應該身邊多留點餘錢，好在這一時刻，讓錢發揮最大效益，幫我們錢滾錢。

在朋友一片哀號聲中，有人撿到大便宜，那個人大家應該也不陌生，就是先前提到的Alston。

不曉得大家是否記得？Alston最後把他的300萬分成三份運用，其中一份被他拿去做定存，穩穩待在銀行裡生點利息錢。

Alston身邊後來又另外存了一筆100萬生活費，卻把先前那100萬給忘了，在這危急存亡之際，身邊朋友哀嚎沒有更多餘錢時，他才終於想起自己好像還有一筆百萬定存。

我們先來了解一下Alston那300萬後來去哪了？定存的還在銀行裡，投資自己的那筆錢花得一滴不剩，卻利用上課認識的人脈，獲得更棒的工作與合作機會，另外存下100萬。最慘的是拿去投資的那100萬完全被套牢，根本動彈不得，既不能領出來花用，也無法讓他獲得更好的工作機會。

不過，當Alston想起自己還有一筆多餘的百萬定存時，事情開始出現了轉機。

Alston趁市場跌到谷底，開始分批買進，接著市場開始回溫，許多朋友擔心不會再往上升，再加上已經被套牢好長一段時間，紛紛賣掉被套牢的資金，以求脫身。這時候，Alston則選擇按兵不動。

緊接著市場回到當初購買的水平，這時候身邊朋友為求不虧到錢，再加上被套牢時間太長，為求能喘口氣，發現損益打平後，立刻賣掉手中原本的投資，等於沒賺沒賠。

Alston因為拿閒置資產來做投資，比較沒壓力，在身邊朋友紛紛拋售的同時，他依然按兵不動，直到市場開始慢慢

往上衝，身邊朋友哀嘆早知道就不要那麼早賣時，Alston才慢條斯理分批賣出。

　　等到Alston差不多賣完時，市場大約也來到最高點，接著又開始慢慢往下走，Alston手裡揣著平均獲利30％的資金，又恢復成按兵不動的狀態，等待下次「機會」降臨時，再一舉進場，大賺一筆。

理財懶人包

・Alston趁市場跌到谷底，利用先前定存的閒置資金，開始分批買進，並展現超強忍功，非得市場回溫到他的停利點，才願意開始分批獲利了結。
・拿閒置資產來做投資，比較沒壓力，在身邊朋友紛紛拋售的同時，他依然按兵不動，直到市場開始慢慢往上衝，才慢條斯理分批賣出。
・永遠預留一筆閒置資金，等著危機入市大賺一筆之用。

平時做好準備，不怕危機來臨！

危機發生時，平時獲利最小的定存，搖身一變，成為危機入市最強的武器！

定存

黃金

股票

基金

學費花光

的人脈資產轉換成事業上

被套牢

4-14 ▶▶▶
小財靠「省」，
大富靠「理」

綜觀「如何處理自己的錢」這件大事，主要可以分為兩部分：

第一部分：小財靠省。

評估一個人口袋裡有沒有錢，從賺錢多寡來評斷，往往不如從對方花錢態度來看。在一腳踏入投資領域前，不管是選擇金融商品還是創業投資，手中必須先握有第一桶金，才能運轉起來。

第一桶金的存在，往往考驗著人「節約」的功力。有時候同一辦公室的同事，大家每月薪水領差不多一樣的錢，為什麼有人就是能再創個小副業、投資黃金，或是開始進入股票市場買賣，有人卻長年被貼上月光族的標籤？造成其中差異的原因，正是「是否會節制金錢用度」。

真正的有錢人，在面對和錢有關的問題時，並不會一昧灑錢，反而會聰明又有效地運用每一塊錢，將每一塊錢都發揮出最大的效應。

例如：聽說王永慶所使用的牙籤，一向都是一邊尖銳，一邊雕花，有天他用到兩面都尖銳可用的牙籤後，便吩咐祕書以後要買兩面都可以使用的牙籤。

許多有錢人共同特質之一，就是很會運用少數錢的力量，做出最大的回饋效應。

第二部分：大富靠理。

如果只是一昧節約用度，只能存下小錢，無法致富；想要致富，其實還是要靠理財才行。這部分巴菲特靠股票市場大發利市，王永慶、比爾蓋茲、賈伯斯則是靠創業致富。

如果選擇把錢投入金融商品的投資市場中，有兩大重要守則和大家分享：

‧一定要記得分散風險。

這句話巴菲特也不斷苦口婆心到處分享，永遠不要把所有雞蛋放在同一個籃子裡，就連巴菲特本人也會購買不同的股票。儘管是股神，他所買的股票並非每支都漲，如果不分散風險，很可能導致全軍覆沒的慘況。

· 只投資自己懂得金融商品。

通常包裝得越複雜、越讓人聽不懂的金融商品，購買時需要特別小心。

理財懶人包

· 真正的有錢人，在面對和錢有關的問題時，並不會一昧灑錢，反而會聰明又有效地運用每一塊錢，將每一塊錢都發揮出最大的效應。

· 如果只是一昧節約用度，只能存下小錢，無法致富；想要致富，其實還是要靠理財才行。

· 如果選擇把錢投入金融商品的投資市場中，有兩大重要守則和大家分享：第一，一定要記得分散風險。第二，只投資自己懂得金融商品。

MEMO

讓我們一起舉杯，
敬：「暢快人生」！

Part 5

生活中那些理財小事

5-1 ▸▸▸

賺錢之道，在於「創意」

先前談過「小財靠省，大富靠理」，但在省錢、存錢，一直到理財之前，還有一件更重要的事情要做：「要懂得如何賺錢」。

必須先有錢入帳，才有接下來一連串的花錢策略、省錢、存錢、理財投資這些事要忙，不過，賺錢的管道並非只有「薪資收入」一途，在這章節中，即將介紹各式各樣令人驚訝連連的賺錢方式。

有的賺錢方式，不只能賺到錢，更重要的是能夠賺到滿滿的滿足感與幸福感；有的則是一邊賺錢，一邊不斷有機會磨練自己喜歡的興趣，有時候回頭看這件事，會覺得能在興趣裡玩得很開心，似乎比能不能賺到錢更重要。

曾有朋友揚言，只要是東西，他都有辦法上網賣出去，標榜「什麼都能賣，什麼都能賺」，他爆料，自己賣過最扯的東西，是從地上撿起來的一張紙，放上網路後，很快就被賣掉了。

更巧的是，他那天剛好和朋友約在撿到東西的附近吃飯，一頓飯還沒吃完，這張被丟棄在地上的紙張，就幫他把當天的餐費賺到手，等於他當天出門消費找樂子，卻沒花到口袋裡一毛錢。

聽到這裡，朋友們開始紛紛熱血猜測著，這張掉落地面的紙，到底是何方神聖？大家的想像力還不錯，冒出許多種答案，統整一下大概有明星簽名、重要航海圖（海賊王嚴重中毒者）、海報、明星小卡……後面這項是依然活在十幾年以前老骨董的猜測。

結果，答案以上通通皆非。正解居然是一張「折價卷」？

折價卷，這不是現在上網瀏覽，就能拿到一堆的東西，為什麼他居然肯費心從地面撿起來，還費事PO上網拍賣？原來，朋友出於好奇，從地面上接收這張來自大地的禮物，經過評估後，認為上網拍賣應該賣得掉，便將該折價卷PO上網，而且火速賣掉。

只能說朋友趕上好時候，如果現代通訊沒這麼發達，他那張折價卷應該不可能以如此快速的速度賣掉。

　　下篇文章，我們將一起來看看他到底是怎麼辦到的，評估要不要把東西PO上網賣的標準又是什麼？

理財懶人包

1. 必須先有錢入帳，才有接下來一連串的花錢策略、省錢、存錢、理財投資這些事要忙，不過，賺錢的管道並非只有「薪資收入」一途。
2. 生活在現代，因為通訊速度變得很快、幅員很廣，我們更有機會到「什麼都能賣、什麼都能賺、什麼都不奇怪」的人生經驗。

5-2 ▶▶▶

這是一種民間科技財

朋友評斷標準，有以下三大原則：

第一點，稀有性。

這張折價卷無法從網路列印取得，一定要到過店家消費，才能獲得這張折價卷，稀有性絕對有五顆星。店家之所以發出這張折價卷，目的在於希望已來店消費過的客人，能夠在短時間之內回流，所以開出6月30日前再次來店消費，所有消費一律7折優惠。

朋友看看消費日期到6月30日之間，不過才短短一星期，難怪店家願意給出這麼高的折扣，也難怪儘管折扣不錯，還是有人棄之如敝屣。

第二點，時效性。

因為時間緊迫，只有一星期，朋友當場PO上網，人繼續前往和朋友相約碰面的餐廳，只是他那頓飯還沒吃完，就有人針對商品提問，提出「如果能現在立刻在那間店前面交，願意立刻購買折價卷」的要求。

朋友欣然答應，先和朋友說聲抱歉，花個五分鐘走回那間店，把折價卷交給正要進去該餐廳消費的人，收下500元，回頭走回和朋友相約的餐廳後，不僅能付掉那餐餐費，口袋裡還倒賺一百多元。

第三點，優惠性。

七折折價卷聽起來不多也不少，但問題是那間餐廳是屬於貴鬆鬆的那一種，再加上對方一夥人約莫有十幾位，一餐飯吃下來上萬塊絕對跑不掉，假設對方吃了一萬塊，花500元買折價卷，另外省下2,500元，何樂而不為？有了這次經驗，朋友直呼開心，拜現代科技以及大家普遍形成的消費方式所賜，輕鬆賺到這500元。

當朋友正在開心自己賺到500元的同時，買方也正慶幸自己省下2,500元以上，事實上對方也沒多做些什麼，只是上網滑滑手機、碰碰運氣罷了，誰知道一碰立刻現省幾千塊。

不少人出門消費前，習慣會先滑滑手機，搞不好就能與超優優惠碰上面，多查一下，多問一句，馬上就能現省2,500元。以目前就業市場來說，時薪2,500元的工作應該不多吧？

理財懶人包

1. 評斷東西是否能順利賣掉，有以下三大原則：第一點，稀有性。第二點，時效性。第三點，優惠性。

2. 出門消費前，習慣先滑滑手機，搞不好就能與超優優惠碰上面，多查一下，多問一句，馬上就能現省不少錢喔。

科技讓商品交易又快又有效!

 ## 稀有性

只有消費才能得到的折價券,
非免費就能獲得!

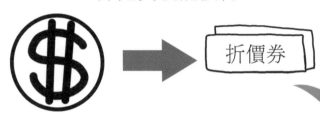

折價券

 ## 時效性

馬上交易

 ## 優惠性

勝
勝

$ +500

$ +2500

5-3

▶▶▶▶

投資獲利200%、
300%穩賺不賠

關於「我們自己的錢」這回事，我們該如何運用它？以朋友Carmen為例，以下是她個人投資多年統整出來的心得。

把錢存到銀行定存裡，以銀行年利率2％來計算，Carmen即將在一年後得到2％的利息錢。

把錢投入基金或債卷裡，通常獲利能比定存好一些，至少比丟在銀行定存高，如果投資的對，大約能獲得3～10％左右的收益。不過，相對於「一定保本」的銀行定存來說，也可能把一大筆錢投入這裡，3年後卻毫無進展。

舉個例子，Carmen投入一百萬到基金裡，如果完全沒有獲利，3年後就會拿回一百萬，這時候拿回一百萬，不是賺，而是賠，因為如果3年前把錢拿去銀行做2％定存，3年

後應該會有6萬元左右的利息錢，而且完全沒有風險，現在把錢丟到基金裡，冒了一定的風險，結果居然連乖乖存定存的6萬元利息錢都沒有，對Carmen來說，這就是賠，至少賠了6萬元。

把錢投入「高風險、高收益」的股票裡，通常獲利能比前兩項再更好一些，如果投資的對，大約能獲得10~30％左右的收益。

一般來說，只要收益超過30％，投資者就會脫手。不過以Carmen來說，投資股票有賺有賠，目前的收益幾乎是相抵的，總結來說並沒有幫她賺到錢。

總結Carmen的心得來講，把錢乖乖存進銀行定存，只拿2％（目前銀行定存年利率甚至不到2％）的利息，雖然穩定，但收益很小。

把錢投入基金、債卷裡，雖獲利稍微漂亮一點，卻難逃它潛在的風險，意思是為了多獲利一點，必須冒上可能賠錢的風險，中間如何選擇跟評估，全看個人想要選擇「穩穩賺點利息錢」或者是「冒點風險多賺一點」。

另外，投資股票必須特別小心謹慎，投資外幣，外幣背後的團體是國家，但股票背後的團體是公司，有時候公司代

表該公司負責人。一間上市公司是否能持續賺錢不倒，公司負責人佔據非常重要的地位。

在多種投資中，一旦失敗，最容易傷筋動骨的有兩大宗，分別是股票跟房地產，股票因為上下起伏太大、風險相對來說較高，房地產則是單筆交易金額很大，尤其是喜歡買預售屋、收紅單、買空賣空的人，特別容易在這些方面跌一跤，所以市面上不乏所謂的法拍屋。

在股票市場中，時常可以聽見股票賺錢高手大嘆「我在股票市場中繳了很大一筆學費」、「投資股票要先學會看懂財經報表跟世界趨勢，否則只能跟風而已」、「我第一次投資股票就獲利，後來也因為股票背債上千萬」……

現在Carmen在所有投資項目中，股票比例降得較低，大約佔所有投資總額的四分之一，而且Carmen只拿閒置資產投資，一旦投資失利頂多資產縮水，還不到背債的地步。

比起拿錢投資金融商品，Carmen發現「投資自己」，往往能得到更大的收益，而且更有助於自我生活的充實感！

下篇文章，我們將一起好好來看，能以200％、300％收益回饋到自己身上的投資方式。

5-4 ▶▶▶▶

為什麼要學新東西？

　　有了多年投資經驗，現在Carmen會把一半的時間跟金錢投在自己身上，到處學新東西，或者從免費學習、自我練功中學習新技能。

　　對Carmen來說，投資金融商品收益能達到30％，就會覺得這已經是上天眷顧，但投資自己，卻常常以200％、300％的收益回饋到自己身上。

　　更棒的是，這些回饋所產生的效應不會只是一次性功夫，更多時候這些技能彼此之間能互相整合，讓Carmen成為職場永不退流行的π型人，每次手中處理的工作一直不斷往更高金額、更無人能取代的案子前進。

　　Carmen曾經因為興趣學了品嘗紅酒、網球等相關課程，在學習過程中，雖然需要繳交學費，但她學得很開心。

那時課程密集度是一周一次，每次上完課回家後，Carmen都會因為自己這週有所進步而感到充實的快樂。

在這些學習對她的事業產生任何幫助之前，Carmen只付了一些錢，就學到新的生活體驗方式、以專業角度接觸新鮮事物、享受學會新技能或專業帶來的成就感、認識許多志同道合的好朋友、生活起來更有動力跟活力。

以上這些獲得，已經超出Carmen原本預期，沒想到學習這些新東西對她的幫助不只這些，還有更驚人的效果在後頭，不只幫她贏得掌握一件大案子的機會、獲得更棒成就，Carmen甚至體驗到有生以來，第一次被別的公司以2.5倍薪水挖角，外加一堆好福利加持，進行人生中第一次跳槽。

一切的改變，源自於一場商業性質的社交活動。話說，某次商業餐敘，Carmen和主管一同出席，主管這次出席目的在於認識S公司老闆，進而希望能和對方做成生意，而Carmen出席的目的是見習跟學習，但後來發生的情況，完全超出他們兩人所預想。

在商業餐敘時，主管多次想把話題引到工作合作上，S公司老闆是明眼人，心裡應該早就有底，卻頻頻岔開話題，聊起紅酒，恰巧Carmen曾經因為興趣學過紅酒，略懂一點，意外與S公司老闆相談甚歡。

後來，S公司老闆點名由Carmen和他談合作，在合作工程中，S公司老闆直接見識到Carmen的工作能力，合作結束後，便向Carmen提出願不願到他公司工作的邀請。

Carmen把錢投資金融商品，最高收益曾高達30％，但經過這次事件後，Carmen對投資這件事的角度完全改觀。

在S公司工作一年後，Carmen小小統計當初學紅酒所花費的金額，以及後來跳槽第一年工作薪水，居然高達1000％！而且這份工作，Carmen還會一直持續做下去。

也許有人會說，學紅酒不過是一個契機，Carmen後來的高薪取決於她工作上的表現，但Carmen心裡很清楚，如果自己沒有學習任何紅酒知識，再加上現場有主管陪同，自己根本不可能掌握到那次機會。

有時候「機會」會不會出現，關鍵在於「我們有沒有掌握那把關鍵鑰匙」，口袋裡多帶幾把刷子，只要有幸和機會媒合上，時常能帶給我們超乎想像的漂亮獲利。更棒的是，這時候的獲利不是以10％、20％、30％計算，而是以100％、200％、300％，甚至好幾倍來計算。

5-5 ▶▶▶

「旅行」是一種重要投資

「你的日常生活，就是我遠道而來的風景。」忘了在哪裡看過或聽過這句話，因為很喜歡，所以一直留在腦海裡，也許字句排列不相同，但大概意思應該是這樣沒錯。

很多人會問，為什麼要常出國？旅行除了花大錢跟賺到照片以外，到底有什麼用處？其實花錢出國旅行≠只賺到照片≠只吃到當地美食≠只看到該國藝術品。

請別忘了，巴菲特在大量購買可口可樂之前做了什麼事，他跑去喝了一瓶可口可樂，覺得還不錯喝，才放大膽大買特買可口可樂股票，而且長期持有該股票。

當我們身處在異國時，等於是直接走進可口可樂瓶子裡，任何關注投資市場的人，都會張開身上每一顆毛細孔，讓該國氛圍流進體內，去感受一個國家是否有活力、是否前景看好。

多年前，當時金磚四國這個名詞傳得沸沸揚揚，許多朋友買了不少印度基金，希望如理專所說，等著中大獎，回收好幾十％的收益。

在大家買得如火如荼，Erica剛好有機會必須到印度去一趟，於是她決定仿效巴菲特「購買股票前，先買罐東西來喝喝」的習慣，Erica決定等自己從印度回來後，再決定是否購買印度基金。

Erica一如她的英文名字，意志堅定、工作能力強、性感，常常又有驚人之舉。那趟印度之行回來後，不管理專如何鼓吹，朋友們頻頻追問她到底買印度基金了沒？Erica總是搖搖頭，明白告訴朋友們，她並不看好當時的印度，所以也沒打算購買任何印度相關金融商品。

朋友們覺得Erica鐵定會錯失賺錢良機，紛紛替她覺得可惜，但事後證明，Erica不跟風的決定，讓她守住了既有的資產，而身邊購買印度基金的朋友，資產平均約莫縮水20％。對某些人來說，出國＝遊玩；但對另外一些人來說，出國＝巴菲特買一瓶可口可樂來喝。

想要真正感受到一個國家的氛圍，再也沒有比實地到當地旅行更棒的捷徑，與其聽信風中飄散著的謠言，不如藉由旅行名義，親自到當地走訪看看，一邊享受當地人民的生活

方式、感受異國氛圍，另一方面也別忘了，回到飯店時打開
電視，看看該國新聞，常常有意外的驚喜收穫。

　　如果剛好計劃要到某個國家旅行，不如給自己設計一趟
一石二鳥的旅行吧！

　　Erica曾經造訪美國，觀察到某家公司經營的飯店相當
不錯，回國後，大量購買該公司股票，5年後獲利達到25％
便脫手賣掉，當時她賺到的錢是旅費的20倍以上。

理財懶人包

　1.花錢出國旅行≠只賺到照片≠只吃到當地美食≠只
　　看到該國藝術品。當我們身處在異國，等於直接走
　　進可口可樂瓶子裡，任何關注投資市場的人，都會
　　張開身上每一顆毛細孔，讓該國氛圍流進體內，去
　　感受一個國家是否有活力、是否前景看好。
　2.如果剛好計劃要到某個國家旅行，不如給自己設計
　　一趟一石二鳥的旅行吧！

旅行是一種重要投資!

5-6 ▶▶▶▶

花時間，投資自己

　　我們身上擁有的資產，有兩種。一種是金錢，另一種是時間，而付出時間的同時，往往也伴隨著付出一定的心力。

　　下班後的時間是自己的，但怎麼花這些時間，將攸關我們的未來。如果知名作家吳淡如當初沒有邊工作邊寫作，直到確認自己能夠靠寫自賺錢後才辭掉工作，會有今天的她嗎？

　　投資創業，聽起來很花錢；事實上，它也的確非常燒錢，而且必須冒一定的風險，這些風險有時候又常常危急生活所需。

　　例如：導演魏德聖拍完海角七號後，手中雖有些錢，但轉頭就砸向電影賽德克巴萊；萬一失敗，將不單單只是得到一次失敗經驗，很可能得到傾家蕩產的嚴重後果。

如果你才30歲，要穩定做什麼？魏導演這句話說得很好，初次看到時，有種被什麼東西稍微點醒了一下的感覺。

不過，話說回來，並不是每個人都能承受得了大起大落的人生曲線，畢竟安穩度日也有它迷人的地方，只是總會有些小小遺憾不時冒上心頭，戳得人無法靜下心來。

朋友Joyce是個朝九晚五的上班族，平常做著行政工作，到了晚上，就會化身成為跟一堆蕾絲混在一起的魔術師。無師自通的Joyce會因應重大節日、婚禮喜慶、慶生Party，製作出頗受女孩子歡迎的夢幻風格禮品跟佈置。

剛開始起步時，Joyce規定自己每晚必須抽出兩小時時間，研究相關領域的書籍跟製作過程，直到達到她預計「熟讀相關領域100本書」後，才開始買材料回家製作。

光是前置作業，就已經花掉Joyce足足半年時間，每天下班後的2小時，從剛開始的硬性規定，到後來慢慢享受自己一點一滴的成長，在產品正式推出前，Joyce已經先獲得滿滿的充足感。

不管自製產品是否可以賣得掉，Joyce發現自己非常享受整個過程，而這整個過程本身就是一種賺；她賺到了自信、喜歡自己每天進步一點的感覺、佩服自己長達半年

以來不懈的努力、欣賞手中成品的滿足感，最重要的是
——Joyce獲得了自我肯定，所以她越活越起勁。

　　後來產品推上網賣，因為Joyce主打節日、慶生、婚
禮，專供禮品類跟佈置類，順應需求推出商品，讓她的產品
大受歡迎。

　　現在Joyce不只享受整個製作過程，還包括接到訂單時
被肯定的驚喜、收到款項時的扎實感，以及收到客戶讚美的
幸福感！

理財懶人包

1. 我們身上擁有的資產，有兩種。一種是金錢，另一
   種則是時間，而付出時間的同時，往往也伴隨著付
   出一定的心力。
2. 真心想做好一件事，就可以把它做得出乎自己意料
   之外的棒！

5-7 ▶▶▶

讓各種比賽，
成為最佳的磨刀石

　　Lillian熱愛參加各種比賽，對她來說，參加比賽可不是一件苦差事，而是好玩又能賺獎狀、獎金的最佳磨刀石。

　　Lillian總說自己是最平凡的上班族，但朋友們可不這麼認為。喜歡看舞台劇的Lillian，平常休閒活動就是約朋友一起看舞台劇，只要沒看過的舞台劇，她都會想盡辦法去看，包括：專門為孩子們設計的舞台劇。

　　大概是「演而優則導」的原則奏效，Lillian雖然沒有跑去當舞台劇導演，但開始動手寫起舞台劇劇本，有好長一段時間，她一寫完就會拿給身邊有興趣的朋友看，聽聽朋友們的意見。

　　沒有任何相關背景的Lillian，在撰寫這些劇本時，並沒有太多的想像，只是單純因為想寫而寫，後來她也寫起童詩

創作，在非工作時間之外，自由創作得很開心，直到有天，有朋友把一個消息傳遞給她。

Lillian收到朋友傳來的消息後，立刻上網查看相關比賽辦法，不只有舞台劇劇本，還有童詩創作等比賽。後來，Lillian直接在網路上打上「文學獎」或「比賽」關鍵字，立刻得到一長串比賽方法。

這對Lillian來說宛如天籟之音，她火速挑出自己感興趣的比賽，同時把相關訊息寫進記事本裡，依照比賽截止日期，如火如荼準備起每一個想參加的比賽。

先前因為興趣，早已投入大量時間跟心力，這些比賽只是讓Lillian多了一個發表的出口，以及受肯定的機會。剛開始Lillian投出去的稿件宛如石沉大海，但她不因這些挫折而拋開自己最愛的創作，一直持續創作，終於獲獎。

從此之後，Lillian更熱衷於參加比賽，尤其在面對有所限制的比賽，變得更加躍躍欲試，當別人以限制為苦時，Lillian抱持的心態是－－可以換個角度或自己沒碰過的主題創作，既新鮮又充滿挑戰。

現在，Lillian不只持續創作舞台劇、童詩，還開始嘗試作詞、寫詩，以及帶點戲劇味道的散文創作。

Lillian常說，每當不知道自己還能做些什麼時，她就會為自己挑選幾個感興趣的比賽參加，藉由比賽磨練自己的功力，如果能得獎，當然很好，如果落選也沒關係，只要她持續努力，下一個得獎的人說不定就是她。

1. 當別人以限制為苦時，Lillian抱持的心態是——可以換個角度或自己沒碰過的主題創作，既新鮮又充滿挑戰。。

2. 每當不知道自己還能做些什麼時，她就會為自己挑選幾個感興趣的比賽參加，藉由比賽磨練自己的功力。

5-8 ▶▶▶
大公司程式設計師
化身為小公司程式顧問

　　朋友Bob任職於一間規模很大的科技公司，平常的身分是程式設計師，因為擅長程式方面的工作，也因為興趣的關係，利用工作閒暇之餘，時常看些手機程式設計相關書籍。

　　本來Bob的打算是想延伸自身程式的專業性，以免在科技時代迅速變遷下被淘汰，沒想到在一次因緣際會中，這倒成了他另闢多條財源的重要管道，正式進入小公司擔任程式顧問一職。

　　這份不離專業的兼職工作，為他帶來每月一萬多塊的收入，工作內容主要以指導小公司程式部門工程師為主，除非小公司推出新服務忙著上線，而程式部門無法順利完成時，他才需要真正操刀幫忙撰寫程式。

不過，這份兼差屬於不可公開的工作，所以Bob要求對方不要在白天上班時間打電話給他，只利用下班後或假日時間回信、與小公司程式部門主管溝通即可。

後來，Bob因兼職需要，對手機程式運用懂得越來越多，處理速度越來越快，另一方面，他也花了點時間研究該領域的最新程式應用，當他發現自己能輕鬆駕馭正職工作跟這份兼職工作後，便上網積極尋找其他類似的兼職機會，廣增收入來源。

擁有充足程式應用背景的他，經過多年努力，終於成為不需要自己動手，只需要開口指導的程式顧問，除非情況真的很危急，他才會跳下來親自幫忙。

不過，Bob為了避免被小公司老闆濫用他的專業，後來合作前都會簽訂合約，說明如果要他親自動手幫忙，就必須額外收費。Bob現在手頭上，除了一份月薪8萬多塊的工作以外，還外接了另外三間小公司的程式部門顧問，硬是把月收入再增加4萬五千多塊，年薪超過150萬！

有時候想要增加收入，並不一定要學新東西，懂得有效善用自身專業，讓專業幫自己賺進更多豐厚的收入！欲知更多兼差眉，請見典馥眉《在家工作，賺到100萬》一書。

5-9 ▶▶▶

身邊有誰是「新貧族」？

　　世界「新貧族」定義：年收入不滿8000歐元，將被列入「新貧族」族群中。換算成台幣約莫年收入不滿32萬者，也就是月薪不到2萬7千元，就符合新貧族定義。如果以此為標準，月薪22K或25K的人，就是所謂的「新貧族」。

　　身邊有些朋友，大學畢業後的第一份薪水拿25K，當他們選擇離職，想往更好的領域發展時，公司會計還滿臉不解問他們，25K算是不錯的待遇了，為什麼不做？

　　把台灣公司會計的疑問和世界定義相比，會發現中間所產生的落差似乎有點大。畢竟拿世界定義「新貧族」的薪水，應該不能稱之為「算是不錯的待遇」吧？不過，如果把「新貧族」跟「窮忙族」相比，誰比較佔優勢？

為了這個話題，幾個朋友展開一場小小的辯論會，經過腥風血雨的理性答辯後，答案出爐，勝利者是－－新貧族比窮忙族還要好一點。

為什麼討論結果會是這個答案？
這件事要從Google老闆被嘲笑為「何不食肉靡」開始。

先前Google老闆不知道哪根筋不對，突然公開一個很特別的想法，話一說完，立刻有人憤恨不平且加以大力撻伐，並以「何不食肉靡」積極諷刺有錢人不懂得民間疾苦，提倡什麼兼職兩份工作，就會有時間享受生活、快樂與家人共處的時光。

Google老闆那番話，其實可以借來聊一下「窮忙族」和「新貧族」，到底差別在哪？只要弄懂它們之間的差別，就能分辨Google老闆到底是不是演「何不食肉靡」那齣戲。這部分，我們下篇文章再一起來聊，這篇文章的焦點依然是「新貧族」。

「新貧族」看的是「年收入」，而非月收入，這是因為有些人的收入，無法以月來看，例如：一件工作忙了數個月後，終於有款項進來；通常這類款項都不會太低，像是自己接案的室內設計師、以工作室形式工作的人。

有些人平常上正職班，到了晚上或假日還會兼差工作，將年收入跨過新貧族門檻；不過，「收入」並不等於「存款」，一個新貧族可能是小有存款的人，而一個非新貧族卻可能是標準月光族。

先前我們聊過「小財靠省，大富靠理」，如果沒有人生第一桶金，很難把理財的巨輪轉動起來。這場戰爭的起跑點，不在「收入有多少」，而是在於能夠「存下多少」。

不管是不是新貧族，最重要的是薪水是否夠用、生活是否過得開心，**比起一個年收入數字，真實的生活幸福感遠比數字重要得多了。**

理財懶人包

1. 「收入」並不等於「存款」，一個新貧族可能是小有存款的人，而一個非新貧族卻可能是標準月光族。

2. 這場戰爭的起跑點，不在收入有多少，而是在於能夠存下多少。

5-10 ▶▶▶

脫軌演出「何不食肉糜」

　　現在我們一起來看看Google老闆，為什麼要脫軌演出「何不食肉糜」這場大戲？他是真的脫軌演出，還是正在掏心挖肺說出真心話？

　　首先，我們先把鏡頭聚焦在「窮忙族」身上。

　　「窮忙」每天睡不飽，早上依靠吵死人鬧鐘叫醒自己，心不甘情不願跳下床後，展開從早忙到晚的一天，中午隨便吃點麵包果腹，晚上和客戶一起商業餐敘，在等待客戶到來前，還忙碌地準備著資料。

　　家族裡有人生日必須先放到一旁，認真搞定客戶才是最重要的事，更別提平常晚上回家家人都已經入睡，早上又得起個大早到辦公室積極表現，最可惡的是老闆最近愛上星期六到公司工作，雖然沒明說要人到公司，但他的眼神精準傳達出「你們最好也在場」的強烈暗示。

　　「窮忙」覺得自己每天行屍走肉般度過一天又一天，最慘的不是每天睡不飽，而是存款永遠在1～2萬之間來回跳動，鮮少突破2萬過；「窮忙」不是沒想過要好好存錢，但每天外食，出門在外見客戶也需要穿著體面，所有開銷加總在一起，幾乎把一份薪水花個精光。

　　沒有存款，不需要理財投資，當然也沒有其他管道的被動收入，所以「窮忙」更加依賴這份薪水過活，只要老闆說一，「窮忙」不敢說二。

　　「新貧」每天睡到自然醒，起床第一件事先為自己準備豐盛的早餐，慢條斯理吃過早餐後，又看了幾小時插畫類書籍，中午過後關起門來畫畫，直到晚上六點，和全家人一起吃過晚飯後，趕晚上八點當收銀員的班，晚上十二點準時下班後回家，兩點前乖乖上床睡覺。

　　一個月月休六天，可以領薪約莫一萬多塊，假日有時候會到觀光地區打工，一天日薪1,500元左右，八個假日等於也有一萬多塊。「新貧」兩份兼差工作大概月薪25K，假日工作很彈性，只要提早告知，就可以休假。

　　「新貧」每天從事自己最愛的畫畫，因為和家人同住，開銷很省，除了生活必要開銷以外，每月都可以存下一萬多塊，一年有時候可以存下15萬，5年攢下75萬。

有天，「新貧」長期經營的插畫部落格，吸引澳洲廠商注意，邀請「新貧」到澳洲店裡幫忙畫壁畫。「新貧」欣然答應，飛往澳洲經歷人生中如此特別的一刻，不僅賺到經驗，還賺到錢。

　　第六年，「新貧」存款數字來到100萬，取消原本每晚的收銀員工作，只留下假日工作，平常星期一到五，「新貧」更可以專心從事自己最愛的畫畫，或者畫合作廠商要的圖。

　　六年下來，「新貧」不僅存下人生中第一個一百萬，還小小實現了原本遙不可及的夢想，關於夢想和存款，「新貧」決定要繼續一直做下去。

　　現在，大家知道「窮忙族」和「新貧族」之間的差別在哪，關於Google老闆到底是不是在演「何不食肉靡」這齣戲，相信大家心裡已經有了答案。

正資產	項目	金額
固定資產		
流動資產		
總和		

負資產	項目	金額
定負債		
動負債		
總和		

總資產	金額	
正資產		
負資產		
總和		總合後為「　　　　　　」資產

請利用下面2張表格，看看能否大大減少目前生活的開銷呢？

固定支出	每月支出	後來支出
房租		
水費		
電費		
手機費		
網路費		
瓦斯費		
交通費		
每月固定支出總和		

流動支出	每月支出	後來支出
早餐		
午餐		
晚餐		
治裝、鞋費		
雜用		
飲料費		
每月流動支出總和		

多做少說賺到第一個100萬

定價NT150元

*最高規格的製作

本書運用全彩圖解的高規格製作,用通俗化的語言、豐富的圖表,包含「勇者無懼的0.5秒奇蹟」、「林書豪的可愛西裝照」、「書呆子加油方式」等繪圖,力圖讓讀者輕鬆認識林書豪,並且讓他的成功故事可以激勵更多正在努力的人。

*林書豪旋風大公開

本書堪稱為最完整的林書豪成功學,從林書豪的崛起、心路歷程、堅持夢想、謙虛待人等方面,作者都有精彩且詳盡的解析。

*本書作者版稅全數捐出

林書豪不為名利而賺錢,因此作者也決定此書的版稅將全數捐獻給「財團法人基督教愛網全人關懷社會福利慈善事業基金會」。

財經雲 22

出 版 者／雲國際出版社

作　　者／典馥眉

繪　　者／金城妹子

總 編 輯／張朝雄

封面設計／艾葳

排版美編／YangChwen

出版年度／2015年01月

郵撥帳號／50017206 采舍國際有限公司

（郵撥購買，請另付一成郵資）

台灣出版中心

地址／新北市中和區中山路2段366巷10號10樓

北京出版中心

地址／北京市大興區棗園北首邑上城40號樓2單
　　　元709室

電話／（02）2248-7896

傳真／（02）2248-7758

全球華文市場總代理／采舍國際

地址／新北市中和區中山路2段366巷10號3

電話／（02）8245-8786

傳真／（02）8245-8718

全系列書系特約展示／新絲路網路書店

地址／新北市中和區中山路2段366巷10號1

電話／（02）8245-9896

網址／www.silkbook.com

新手一看就懂投資學/典馥眉著. 初版. --

新北市：雲國際, 2015.01

面；　公分

ISBN 978-986-271-564-2 (平裝)

1.投資 2.理財

563.5　　　　　　103023213